学ぶ人は、
変えて
ゆく人だ。

目の前にある問題はもちろん、

人生の問いや、

社会の課題を自ら見つけ、

挑み続けるために、人は学ぶ。

「学び」で、

少しずつ世界は変えてゆける。

いつでも、どこでも、誰でも、

学ぶことができる世の中へ。

旺文社

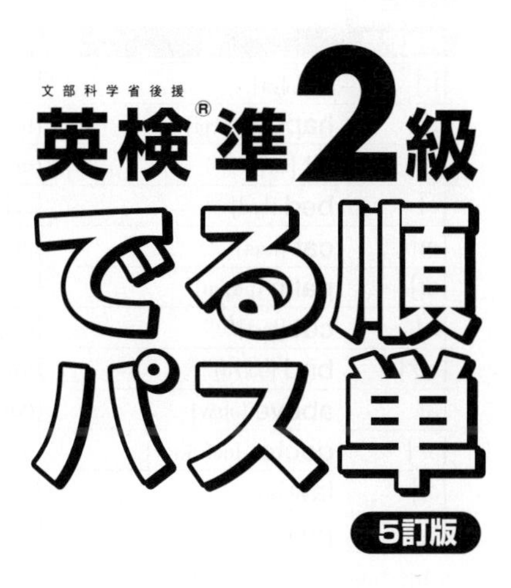

旺文社

発音記号表

母音

発音記号	例
[i:]	eat [i:t]
[i]	happy [hǽpi]
[ɪ]	sit [sɪt]
[e]	bed [bed]
[æ]	cat [kæt]
[ɑ:]	palm [pɑ:*l*m]
[ʌ]	cut [kʌt]
[ə:*r*]	bird [bə:*r*d]
[ə]	above [əbʌ́v]
[ə*r*]	doctor [dɑ́(:)ktə*r*]
[ɔ:]	law [lɔ:]
[ʊ]	pull [pʊl]

発音記号	例
[u]	casual [kǽʒuəl]
[u:]	school [sku:l]
[eɪ]	cake [keɪk]
[aɪ]	eye [aɪ]
[ɔɪ]	boy [bɔɪ]
[aʊ]	house [haʊs]
[oʊ]	go [goʊ]
[ɪə*r*]	ear [ɪə*r*]
[eə*r*]	air [eə*r*]
[ɑ:*r*]	heart [hɑ:*r*t]
[ɔ:*r*]	morning [mɔ́:*r*nɪŋ]
[ʊə*r*]	poor [pʊə*r*]

※母音の後の[*r*]は，アメリカ英語では直前の母音がrの音色を持つことを示し，イギリス英語では省略されることを示す。

子音

発音記号	例
[p]	pen [pen]
[b]	book [bʊk]
[m]	man [mæn]
[t]	top [tɑ(:)p]
[t̬]	water [wɔ́:t̬ə*r*]
[d]	dog [dɔ(:)g]
[n]	name [neɪm]
[k]	cake [keɪk]
[g]	good [gʊd]
[ŋ]	ink [ɪŋk]
[tʃ]	chair [tʃeə*r*]
[dʒ]	June [dʒu:n]
[f]	five [faɪv]

発音記号	例
[v]	very [véri]
[θ]	three [θri:]
[ð]	this [ðɪs]
[s]	sea [si:]
[z]	zoo [zu:]
[ʃ]	ship [ʃɪp]
[ʒ]	vision [víʒən]
[h]	hot [hɑ(:)t]
[l]	lion [láɪən]
[r]	rain [reɪn]
[w]	wet [wet]
[*h*w]	white [*h*waɪt]
[j]	young [jʌŋ]

※[t̬]はアメリカ英語で弾音（日本語のラ行に近い音）になることを示す。
※斜体および[(:)]は省略可能であることを示す。

はじめに

本書は1998年に誕生した『英検Pass単熟語』の5訂版です。「出題される可能性の高い単語を，効率よく覚えられる」ように編集されており，英検合格を目指す皆さんに長くご愛用いただいています。

3つの特長

❶「でる順」で効果的に覚えられる！

過去5年間の英検の問題※を分析し，よく出題される単語・熟語・表現を「でる順」に掲載しました。

❷ 学習をサポートする無料音声つき！

スマートフォンで音声を聞くことができる公式アプリと，パソコンからの音声ダウンロードに対応しています。

❸ 学習効果がわかるテストつき！

単語編と熟語編には，見出し語を覚えたか確認できるチェックテストがついています。

本書での単語学習が皆さんの英検合格につながることを心より願っています。

最後に，本書の刊行にあたり多大なご協力をいただきました，桐朋中学校・高等学校 秋山安弘先生，九州大学大学院言語文化研究院 准教授 内田諭先生に深く感謝の意を表します。

※2015年度第2回～2020年度第1回の英検過去問題

もくじ

単語編

でる度 A 常にでる基本単語 ● 400

でる度 B よくでる重要単語 ● 400

でる度 C 差がつく応用単語 ● 300

熟語編

執筆：秋山安弘（桐朋中学校・高等学校）
編集協力：株式会社シー・レップス，笹部宣雅，Sarah Matsumoto，株式会社鷗来堂
データ分析・語彙選定協力：内田諭　データ分析協力・組版：幸和印刷株式会社
装丁デザイン：浅海新菜（及川真咲デザイン事務所）
本文デザイン：伊藤幸恵　イラスト：三木謙次
録音：ユニバ合同会社　ナレーション：Chris Koprowski，Ann Slater，大武芙由美

本書の構成

単語編

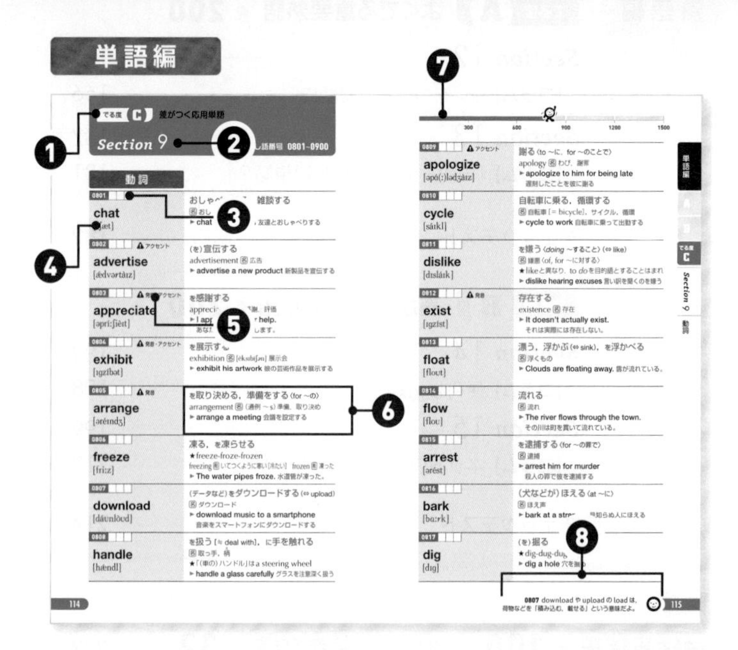

でる度 C 差がつく応用単語

Section 9 見出し語番号 0801-0900

動詞

0801	**chat** [tʃæt]	おしゃべり…雑談する 名 おし… ▶ chat … 友達とおしゃべりする
0802 ⚠アクセント	**advertise** [ǽdvərtàɪz]	(を)宣伝する advertisement 名 広告 ▶ advertise a new product 新製品を宣伝する
0803 ⚠発音・アクセント	**appreciate** [əpríːʃièɪt]	を感謝する apprecia… 感謝，評価 ▶ I appr… help. あなた…します。
0804 ⚠発音・アクセント	**exhibit** [ɪɡzíbət]	を展示する exhibition 名 [èksɪbíʃən] 展示会 ▶ exhibit his artwork 彼の芸術作品を展示する
0805 ⚠発音	**arrange** [əréɪndʒ]	を取り決める，準備をする (for ～の) arrangement 名 (通例 ～s) 準備，取り決め ▶ arrange a meeting 会議を設定する
0806	**freeze** [friːz]	凍る，を凍らせる ★freeze-froze-frozen freezing 形 いてつくように寒い[冷たい]　frozen 形 凍った ▶ The water pipes froze. 水道管が凍った。
0807	**download** [dáunlòud]	(データなど)をダウンロードする (⇔ upload) 名 ダウンロード ▶ download music to a smartphone 音楽をスマートフォンにダウンロードする
0808	**handle** [hǽndl]	を扱う [≒ deal with]，に手を触れる 名 取っ手，柄 ★「(車の)ハンドル」はa steering wheel ▶ handle a glass carefully グラスを注意深く扱う

114

0809 ⚠アクセント	**apologize** [əpɑ́(ː)lədʒàɪz]	謝る (to ～に，for ～のことで) apology 名 わび，謝罪 ▶ apologize to him for being late 遅刻したことを彼に謝る
0810	**cycle** [sáɪkl]	自転車に乗る，循環する 名 自転車 [= bicycle]，サイクル，循環 ▶ cycle to work 自転車に乗って出勤する
0811	**dislike** [dɪsláɪk]	を嫌う (*doing* ～すること) (⇔ like) 名 嫌悪 (of, for ～に対する) ★likeと異なり，to *do*を目的語とすることはまれ ▶ dislike hearing excuses 言い訳を聞くのを嫌う
0812 ⚠発音	**exist** [ɪɡzíst]	存在する existence 名 存在 ▶ It doesn't actually exist. それは実際には存在しない。
0813	**float** [flout]	漂う，浮かぶ (⇔ sink)，を浮かべる 名 浮くもの ▶ Clouds are floating away. 雲が流れている。
0814	**flow** [flou]	流れる 名 流れ ▶ The river flows through the town. その川は町を貫いて流れている。
0815	**arrest** [ərést]	を逮捕する (for ～の罪で) 名 逮捕 ▶ arrest him for murder 殺人の罪で彼を逮捕する
0816	**bark** [bɑːrk]	(犬などが)ほえる (at ～に) 名 ほえ声 ▶ bark at a stra… 見知らぬ人にほえる
0817	**dig** [dɪɡ]	(を)掘る ★dig-dug-dug ▶ dig a hole 穴を掘る

0807 download や upload の load は，荷物などを「積み込む，載せる」という意味だよ。

115

❶ **でる度**：データ分析に基づき「でる度A，B，C」に分けて掲載しています。

❷ **セクション**：100語区切りで1～11まであります。

❸ **チェック欄**：チェックして学習に役立てましょう。

❹ **発音記号**：見出し語の読み方を表す記号です。(詳細はp.2参照)

❺ **発音・アクセント注意**：特に「発音」「アクセント」に注意が必要な語に記載しています。

❻ **語義その他**：英検合格に必要なものを取り上げています。他動詞の語義には基本的に小文字で「を」「に」などを示しています。「を」「に」などがない動詞は自動詞です。その他，派生関係にある語などを掲載しています。

❼ **進捗ゲージ**：どこまで覚えたか一目で分かります。

❽ **でちゃうくん**：本書のキャラクター「でちゃうくん」が，見出し語のちょっとした豆知識を教えてくれます。

熟語編

会話表現編

英作文編

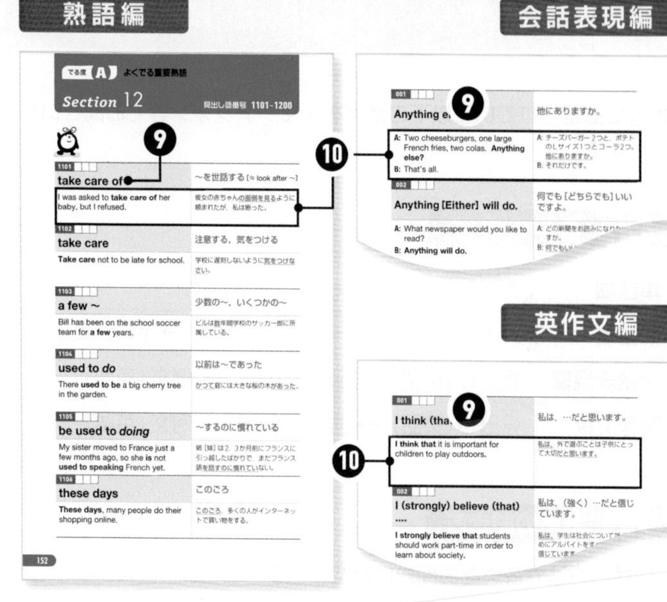

でる度 A よくでる重要熟語
Section 12
見出し語番号 1101-1200
1101 take care of
～を世話する [≒ look after ～]
I was asked to take care of her baby, but I refused.
彼女の赤ちゃんの面倒を見るように頼まれたが，私は断った。
1102 take care
注意する，気をつける
Take care not to be late for school.
学校に遅刻しないように気をつけなさい。
1103 a few ～
少数の～，いくつかの～
Bill has been on the school soccer team for a few years.
ビルは数年間学校のサッカー部に所属している。
1104 used to do
以前は～であった
There used to be a big cherry tree in the garden.
かつて庭には大きな桜の木があった。
1105 be used to doing
～するのに慣れている
My sister moved to France just a few months ago, so she is not used to speaking French yet.
姉［妹］は2，3か月前にフランスに引っ越したばかりで，まだフランス語を話すのに慣れていない。
1106 these days
このごろ
These days, many people do their shopping online.
このごろ，多くの人がインターネットで買い物をする。
152
001 Anything e...
他にありますか。
A: Two cheeseburgers, one large French fries, two colas. Anything else?
B: That's all.
A: チーズバーガー2つと，ポテトのLサイズ1つとコーラ2つ。他にありますか。
B: それだけです。
002 Anything [Either] will do.
何でも［どちらでも］いいですよ。
A: What newspaper would you like to read?
B: Anything will do.
001 I think (tha...
私は，…だと思います。
I think that it is important for children to play outdoors.
私は，外で遊ぶことは子供にとって大切だと思います。
002 I (strongly) believe (that) ....
私は，（強く）…だと信じています。
I strongly believe that students should work part-time in order to learn about society.
9
10

❾ 見出し：熟語と会話表現はよく出題されるものを，英作文は準2級で使える表現を取り上げています。

❿ 例文と訳：見出しに対応する部分は，例文では太字，訳では赤字にしています。会話表現編は会話形式の例文を掲載しています。

●表記について

動 動詞　名 名詞　形 形容詞 副 副詞　接 接続詞　前 前置詞 代 代名詞	(　)…… 省略可能／補足説明 [　]…… 直前の語句と言い換え可能 〈　〉…… コロケーション／文型表示
＝ 同意語　≒ 類義語　⇔ 反意語	*A*, *B* …… *A*, *B*に異なる語句が入る *one's*, *oneself* … 人を表す語句が入る *do* ……… 動詞の原形が入る *doing* … 動名詞，現在分詞が入る to *do* … 不定詞が入る
★ 補足情報／動詞の不規則変化 ► 用例・見出し語に関連した表現	

音声について

本書に掲載されている以下の音声をスマートフォン等でお聞きいただけます。

音声の内容

単語編	見出し語（英語）→ 見出し語の訳
熟語編	見出し語（英語）→ 見出し語の訳 → 例文（英語）
会話表現編	見出し（英語）→ 見出しの訳 → 例文（英語）
英作文編	見出し（英語）→ 見出しの訳 → 例文（英語）

音声の聞き方

2種類の方法で音声をお聞きいただけます。

■パソコンで音声データ（MP3）をダウンロード

ご利用方法

❶ 以下のURLから，Web特典にアクセス
URL：**https://eiken.obunsha.co.jp/p2q/**

❷ 本書を選び，以下のパスワードを入力してダウンロード
rhsmyk ※全て半角アルファベット小文字

❸ ファイルを展開して，オーディオプレーヤーで再生
音声ファイルはzip形式にまとめられた形でダウンロードされます。展開後，デジタルオーディオプレーヤーなどで再生してください。

※音声の再生にはMP3を再生できる機器などが必要です。
※ご使用機器，音声再生ソフト等に関する技術的なご質問は，ハードメーカーもしくはソフトメーカーにお願いいたします。
※本サービスは予告なく終了することがあります。

■公式アプリ「英語の友」(iOS/Android)で再生

ご利用方法

❶「英語の友」公式サイトより，アプリをインストール

URL：**https://eigonotomo.com/**

英語の友

左記のQRコードから読み込めます。

❷アプリ内のライブラリより本書を選び，
「追加」ボタンをタップ

❸再生モードを選んで再生

書籍音源モード	音声データダウンロードと同じ内容の音声を再生できます。
単語モード	単語編，熟語編について「見出し語(英語)」の音声再生ができ，再生間隔や回数を自由に編集することができます。英語だけを再生したい，複数回連続で再生したい，発音練習するためのポーズ(間隔)を空けたい，等にご利用いただけます。

そのほか，以下の機能をご利用いただけます。

- シャッフル再生
- リピート再生
- 再生速度変換(0.5～2.0倍速)
- バックグラウンド再生
- 絞り込み再生(チェックした単語のみ再生)

※本アプリの機能の一部は有料ですが，本書の音声は無料でお聞きいただけます。

※詳しいご利用方法は「英語の友」公式サイト，あるいはアプリ内のヘルプをご参照ください。

※本サービスは予告なく終了することがあります。

オススメ単語学習法

準2級によくでる単語を効率的に覚えるには，以下の3つのステップで学習するのがおすすめです。

STEP 1 仕分け 知らない単語をチェック

まず，「知っている単語」と「知らない単語」の仕分けをします。知らない単語や自信がない単語があったら，1つ目のチェックボックスに印を付けましょう。

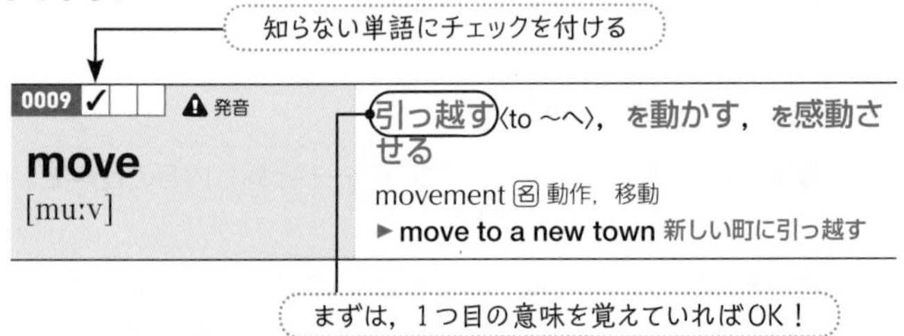

STEP 2 暗記 チェックが付いた単語を覚える

チェックが付いた単語だけを集中して覚えます。音声を聞いたり，声に出して発音したり，ノートに書いたりして覚えましょう。

STEP 3 確認 覚えたか確認する

チェックを付けた単語を覚えたか，付属の赤セルシートを使って隠して確認しましょう。まだ覚えていない，もしくは自信がない場合は，2つ目のチェックボックスに印を付け，覚えるまで STEP 2 → STEP 3 を繰り返しましょう。

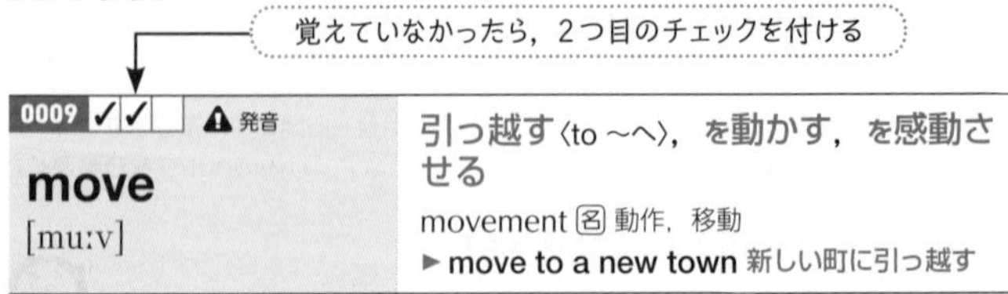

○でる度が高い単語から覚えよう

本書は，英検の出題データを分析した「でる順」に並んでいます。時間がない場合は，「でる度A」だけはしっかり覚えるようにしましょう。

○セクションごとに進めよう

本書は，1つのセクションが100語で構成されています。たとえば，「2日で100語」のように目標を決めて，セクション単位で学習するのがおすすめです。以下のように，STEP 1 ～ STEP 3 をセクションごとに繰り返して覚えていきましょう。1日目に覚えられなかった単語は2日目に確認し，覚えていなかったら3日目にまた確認しましょう。

〈例〉1日に50語学習する場合
1日目
Section 1 0001~0050 STEP 1 仕分け と，
STEP 2 暗記 を行う
2日目
Section 1 0001~0050 STEP 3 確認 を行う
Section 1 0051~0100 STEP 1 仕分け と，
STEP 2 暗記 を行う
3日目
Section 1 0001~0100 STEP 3 確認 を行う
Section 2 0101~0150 STEP 1 仕分け と，
STEP 2 暗記 を行う
繰り返す
少しずつ
繰り返し覚えよう！

○テストで確認しよう

各でる度の最後にチェックテストを設けています。
総仕上げとして，意味をしっかり覚えられたかテスト形式で確認しましょう。

○付属音声 (p.8～9参照) や準拠ノートを活用しよう

記憶を定着させるには，「見て」覚えるだけでなく，音声を利用することが効果的です。公式アプリやダウンロード音声を利用し，繰り返し「聞いて」，音声を真似て「発音して」みましょう。また，ノートに「書いて」覚えるのもおすすめです。

旺文社リスニングアプリ

英語の友　旺文社刊行の英検対策書に多数対応！

音声再生のほかに，

- 試験日カウントダウン
- 学習目標管理
- 単語テスト (1日の回数制限あり)

などの機能があります。

英検 準2級　でる順パス単 書き覚えノート [改訂版]

『英検準2級 でる順パス単 [5訂版]』準拠の書いて覚える単語学習用ノート

●

セットで学習するとさらに効果的！

単語編

常にでる基本単語 400

でる度 A 常にでる基本単語

Section 1

見出し語番号 0001~0100

動詞

0001

let
[let]

(let O *do* で) Oに〜させる
★let-let-let
► **Let me do it.** 私にそれをさせてください。

0002

decide
[dɪsáɪd]

を決心する〈to *do* 〜すること〉
decision 名 決定
★目的語に *doing* はとらないので注意
► **decide to study abroad** 留学することを決心する

0003

train
[treɪn]

を訓練する，トレーニングする
名 電車
training 名 訓練，トレーニング
► **train dogs properly** 犬をきちんと訓練する

0004

travel
[trǽvəl]

(を)旅行する
名 旅行
► **travel all through Japan** 日本中を旅行する

0005

leave
[liːv]

(leave O C で) OをCのままにしておく，を置き忘れる，(を)去る〈for 〜に向けて〉
★leave-left-left
► **leave a door open** ドアを開けたままにしておく

0006

park
[pɑːrk]

を駐車する
parking 名 駐車
★a parking lot で「駐車場」
► **park a car** 車を駐車する

0007

order
[ɔ́ːrdər]

(を)注文する，(を)命じる
名 注文，命令，順序
► **Are you ready to order?**
ご注文はお決まりですか。

0008 ⚠ 発音

lose
[luːz]

を失う (⇔ find)，(で)負ける (⇔ win)
★lose-lost-lost
loser 名 敗者　loss 名 損失
► **I have lost my wallet.** 私は財布をなくした。

0009 ⚠ 発音

move
[muːv]

引っ越す〈to ～へ〉，を動かす，を感動させる

movement 名 動作，移動

▶ **move to a new town** 新しい町に引っ越す

0010

pay
[peɪ]

(を)支払う〈for ～に対して〉

★pay-paid-paid　名 給料

▶ **pay $500 for the computer**
そのコンピュータに500ドルを支払う

0011

wait
[weɪt]

待つ〈for ～を〉

▶ **wait in line for the express train**
急行電車を並んで待つ

0012

change
[tʃeɪndʒ]

を変える，変わる〈into ～に〉

名 変化，釣り銭

▶ **change water into ice** 水を氷に変える

0013

check
[tʃek]

(を)確かめる，(を)調べる

名 検査，会計伝票，小切手

▶ **check *one's* e-mail** メールを確認する

0014 ⚠ 発音

build
[bɪld]

を建てる，を築き上げる

★build-built-built

building 名 建物

▶ **build a dam** ダムを建設する

0015 ⚠ 発音

worry
[wə́ːri]

心配する〈about ～のことを〉，を心配させる

名 心配

▶ **Don't worry about me.**
僕のことは心配しないで。

0016

plant
[plænt]

を植える，(種)をまく

名 植物，工場

▶ **plant some flowers in a garden**
庭に花を植える

0017

practice
[prǽktɪs]

(を)練習する〈*doing* ～すること〉，を実行する

名 練習，実行

★目的語にto *do*はとらないので注意

▶ **practice speaking in English** 英語で話す練習をする

僕，でちゃうくん。補足情報をつぶやくよ。

0018

care
[keər]

気にかける〈about ～について〉

名 世話，注意

► **Who cares where you will go?** 君がどこに行くかなんて誰が気にするだろうか(いや，誰も気にしない)。

0019

describe
[dɪskráɪb]

を描写する

description 名 描写

► **describe what happened**
何が起こったのかを描写する

0020 ⚠ 発音

cost
[kɔːst]

(費用)がかかる

★cost-cost-cost　名 費用

► **The table costs $100.**
そのテーブルは100ドルする。

0021 ⚠ 発音

turn
[təːrn]

進路を変える〈to ～へ〉，**変わる**〈to, into ～に〉，**を曲がる**

名 順番，回転

► **turn (to the) left** 左に曲がる

0022

join
[dʒɔɪn]

(に)加わる，参加する〈in ～に〉

► **Why don't you join us?**
私たちに加わりませんか。

0023

grow
[groʊ]

成長する，(数量などが)増大する，を栽培する

★grow-grew-grown　growth 名 成長，増加

► **grow quickly [slowly]** 早く[ゆっくりと]成長する

0024

save
[seɪv]

(を)節約する，(を)蓄える，を救う

► **save energy** エネルギーを節約する

0025

win
[wɪn]

を勝ち取る，(に)勝つ(⇔ lose)

★win-won [wʌn] -won

winner 名 勝利者

► **win first prize** 1等賞を取る

0026

pick
[pɪk]

を摘む，を選ぶ

► **pick flowers in a garden** 庭で花を摘む

0027

believe
[bɪlíːv]

(を)信じる
belief 名 確信，信念
▶ **believe the rumor** そのうわさを信じる

0028

report
[rɪpɔ́ːrt]

(を)報道する，(を)報告する
名 報道，報告，レポート　reporter 名 記者
▶ **The accident was reported.**
その事故は報道された。

0029

forget
[fərgét]

を忘れる〈to *do* ～すること，*doing* ～したこと〉
(⇔ remember)
★forget-forgot-forgot [forgotten]
▶ **forget a promise** 約束を忘れる

0030 ⚠ 発音

hurt
[həːrt]

を傷つける，痛む
★hurt-hurt-hurt　名 けが，傷
▶ **I hurt my arm during the game.**
私は試合中に腕をけがした。

0031

borrow
[bɔ́(ː)roʊ]

を借りる〈from ～から〉(⇔ lend)
★borrowは無償で借りる，rentやhireは有償で借りる場合に用いる
▶ **borrow books from a library** 図書館から本を借りる

0032

surprise
[sərpráɪz]

(受身形で)驚く〈at, by ～に，to *do* ～して〉，を驚かせる
名 驚き，(形容詞的に)不意の
▶ **be surprised at the news** その知らせに驚く

0033 ⚠ アクセント

volunteer
[vɑ̀(ː)ləntíər]

ボランティアをする，(を)自発的に引き受ける
名 ボランティア，志願者
▶ **volunteer at a hospital** 病院でボランティアをする

0034

carry
[kǽri]

を運ぶ，を持ち歩く
▶ **carry the bag to my room**
カバンを私の部屋に運ぶ

0035

set
[set]

(時計の目盛りなど)を合わせる，を置く
★set-set-set
名 一式，セット
▶ **set an alarm clock** 目覚まし時計を合わせる

0025 win の過去形・過去分詞の won の発音は，one と同じだよ。

0036 ⚠ アクセント

invite
[ɪnváɪt]

を招待する〈for (食事など) に, to (家など) に〉
invitation 名 招待
► **invite a new friend for dinner**
新しい友達を夕食に招待する

0037

happen
[hǽpən]

(偶然)起こる [≒ occur], (happen to *do* で) 偶然～する
happening 名 (しばしば ～s) 出来事
► **What happened?** 何が起こったの？

0038

choose
[tʃuːz]

(を)選ぶ, 選択する [≒ select]
★choose-chose-chosen
► **choose a good place** 良い場所を選ぶ

0039 ⚠ 発音

guide
[gaɪd]

を案内する, を指導する
名 案内人
guidance 名 案内
► **guide him around Tokyo** 彼に東京を案内する

0040

arrive
[əráɪv]

到着する〈at, in ～に〉(⇔ depart)
arrival 名 到着
★arrive at [in] ≒ reach ≒ get to
► **arrive at the airport** 空港に到着する

0041 ⚠ アクセント

offer
[ɔ́(ː)fə*r*]

(offer *A B* で) AにBを申し出る, AにBを提供する
名 申し出, 提供
► **offer him help** 彼に援助を申し出る

0042

remember
[rɪmémbə*r*]

を覚えている〈*doing* ～したこと〉(⇔ forget), (remember to *do* で) 忘れずに～する
► **remember meeting her somewhere**
どこかで彼女と会ったのを覚えている

0043

cancel
[kǽnsəl]

を中止する [≒ call off], を取り消す
名 取り消し
► **The game was canceled.**
試合は中止された。

0044

repair
[rɪpéə*r*]

を修理する
名 修理, 修繕
► **repair an old watch** 古い腕時計を修理する

名詞

0045 ⚠発音

excuse [ɪkskjúːs]

言い訳，弁解
動 [ɪkskjúːz] を許す，の言い訳をする
► make a silly excuse ばかな言い訳をする

0046

Internet [ínṭərnèt]

(the ～) インターネット
► on the Internet インターネット(上)で

0047 ⚠発音・アクセント

idea [aɪdíːə]

考え，思いつき，アイデア
► come up with a good idea 良い考えを思いつく

0048

information [ìnfərméɪʃən]

情報
inform 動 (に)知らせる
★不可算名詞
► a piece of information 1つの情報

0049 ⚠発音

honey [hʌ́ni]

あなた，おまえ(恋人や夫・妻への呼びかけ)，はちみつ
► Give me a hand, honey. あなた，ちょっと手伝って。

0050

fire [fáɪər]

火，火災
► make [build] a fire 火を起こす

0051

vegetable [védʒtəbl]

(通例 ～s) 野菜
形 野菜の
vegetarian 名 菜食主義者
► grow vegetables 野菜を育てる

0052

situation [sìtʃuéɪʃən]

状況，情勢
► describe the situation 状況を説明する

0042 remember は目的語になる動詞の形によって意味が異なるんだね。

0053 ⚠発音

passage
[pǽsɪdʒ]

パッセージ，（書物・演説などの）一節，通路
► **according to the passage**
そのパッセージによると

0054 ⚠アクセント

event
[ɪvént]

出来事，行事
► **world events** 世界の出来事

0055 ⚠発音

ma'am
[məm]

奥さま，お嬢さま，先生（⇔ sir）
★立場が上の女性に対して用いる丁寧な呼びかけ
► **May I help you, ma'am?**
お客さま，ご用件をお伺いいたします。

0056

avocado
[æ̀vəkɑ́ːdou]

アボカド
► **avocado seeds** アボカドの種（たね）

0057

type
[taɪp]

種類［≒ kind, sort］，型，タイプ
動 をキーボードで打つ
► **a different type of test** 違う種類の検査

0058

bakery
[béɪkəri]

パン屋
baker 名 パン職人
bake 動（パン・ケーキ）を焼く
► **open a new bakery** 新しいパン屋を開店させる

0059

future
[fjúːtʃər]

（通例 the ～）将来，未来（⇔ past 過去，present 現在）
形 未来の
► **in the near [distant] future** 近い［遠い］将来に

0060

exercise
[éksərsàɪz]

（健康のための）運動，練習，練習問題
動 運動する
► **get some exercise** 運動をする

0061

bottle
[bɑ́(ː)tl]

びん，ボトル
★a bottle of ～で「1本［びん］の～」
► **plastic bottles** ペットボトル

0062 sign [saɪn]
標識，合図，前兆
動 (に)署名する，(に)合図する
► traffic signs 交通標識

0063 service [sə́ːrvəs] ⚠発音
サービス，(しばしば ~s)奉仕
serve 動 (飲食物)を出す
► offer childcare services 保育サービスを提供する

0064 garbage [gáːrbɪdʒ] ⚠発音
(台所から出る)生ゴミ
★「紙くず，容器類のゴミ」はtrash
► take out garbage 生ゴミを(外に)出す

0065 customer [kʌ́stəmər]
(商店などの)顧客
★「(招待された)客」はguest，「乗客」はpassenger
► attract customers 客を引きつける

0066 business [bíznəs] ⚠発音
職業，商売
businessperson 名 実業家
► take a business trip 出張する

0067 trouble [trʌ́bl]
トラブル，悩み(の種)
動 を悩ます
► cause a lot of trouble たくさんのトラブルを引き起こす

0068 tour [tʊər] ⚠発音
見学，(周遊)旅行 [≒ travel]
tourist 名 旅行者，観光客
★tourは観光・見学などの周遊旅行
► a campus tour 大学の見学ツアー

0069 race [reɪs]
競走，競争
動 (と)競走する
► a bicycle race 自転車レース

0070 environment [ɪnváɪərənmənt] ⚠発音
(通例 the ~)自然環境，環境
environmental 形 環境の
environmentally 副 環境の点で
► protect the environment 自然環境を守る

0055 ma'am に対して，男性に対する敬称は sir だよ。

0071

activity
[æktívəṭi]

活動
act [動] 行動する
active [形] 活動的な
► **club activities** 部活動

形容詞

0072

other
[ʌ́ðər]

他の，(the ~)（2つのうちの）もう一方の
[代] 他の物［人］
► **a big difference between humans and other animals** 人間と他の動物との大きな違い

0073

different
[dífərənt]

いろいろな，違った〈from ～と〉
difference [名] 違い
► **grow many different kinds of vegetables**
多くのいろいろな種類の野菜を栽培する

0074

important
[ɪmpɔ́ːrtənt]

重要な，大切な（⇔ unimportant）
importance [名] 重要（性）
► **teach children important skills for learning**
子供たちに学習にとって重要な技術を教える

0075

special
[spéʃəl]

特別な（⇔ general, normal）
specialize [動] 専攻する
specialty [名] 名物，専攻
► **for a special reason** 特別な理由で

0076 ⚠ 発音

enough
[ɪnʌ́f]

十分な〈for ～に，to *do* ～するのに〉
[副]（形容詞・副詞・動詞の後に置いて）十分に
► **enough food** 十分な食料

0077

expensive
[ɪkspénsɪv]

高価な（⇔ cheap）
► **an expensive dress** 高価なドレス

0078

difficult
[dífɪkəlt]

困難な（⇔ easy）
difficulty [名] 困難
► **a difficult problem** 難しい問題

0079

few
[fjuː]

ほとんど～ない，(a ～で)少数の～
► fewer people than I expected
私が思っていたよりも少ない人々

0080

another
[ənʌ́ðər]

別の，もう1つ[1人]の
代 別の物[人]，もう1つ[1人]
★another の後には可算名詞の単数形がくる
► Show me another dress. 他のドレスを見せてください。

0081 ⚠発音

close
[klous]

接近した〈to ～に〉，親密な
★動詞close [klouz]「(を)閉じる」と区別注意
► get close to the animal その動物に近づく

0082

own
[oun]

(*one's* ownで)自分自身の
動 を所有している
► Check everything with your own eyes.
あなた自身の目ですべてを確認してください。

0083

local
[lóukəl]

地元の(⇔ national)，局所の
★「田舎の(rural)」の意味はない
► local news 地元関係のニュース

0084 ⚠アクセント

delicious
[dɪlíʃəs]

おいしい
► a delicious meal おいしい食事

0085 ⚠発音

foreign
[fɔ́(ː)rən]

外国の
► a foreign language 外国語

副詞

0086 ⚠アクセント

however
[hauévər]

しかしながら，どんなに～でも
★butよりも堅い語
► He tried hard. However, he failed.
彼は懸命に頑張った。しかしながら，失敗した。

0082「(レストランや不動産などの) オーナー」は owner だよ。

0087 ☐☐☐

even
[íːvən]

～(で)さえ，(比較級を強調して)さらに
[≒ still, yet]
► even today 今日(こんにち)でさえ

0088 ☐☐☐

online
[ɑ̀(ː)nláɪn]

オンラインで(⇔ off-line オフラインで)
形 オンラインの
► reserve a room online
オンラインで部屋を予約する

0089 ☐☐☐

outside
[àʊtsáɪd]

屋外に[で]，外に[で](⇔ inside)
名 (the ～)外側　形 外側の　前 ～の外側に
► hold a concert outside
野外でコンサートを開く

0090 ☐☐☐ ⚠ アクセント

instead
[ɪnstéd]

その代わりに
► use cloth bags instead
代わりに布の袋を使う

0091 ☐☐☐

far
[fɑːr]

(距離が)遠くに(⇔ near)，(時間が)はるかに
► Is the station really that far?
駅は本当にそんなに遠いのですか。

0092 ☐☐☐

probably
[prɑ́(ː)bəbli]

多分
★ maybe, perhaps より確実性が高いときに用いる
► He will probably succeed.
彼は多分成功するだろう。

0093 ☐☐☐ ⚠ 発音

though
[ðoʊ]

でも，やっぱり
接 …だけれども，たとえ…でも
► I'd like a cup of coffee, though.
でも，コーヒーをいただきます。

0094 ☐☐☐

actually
[ǽktʃuəli]

実際に[≒ in fact]，本当のところは
actual 形 実際の，現実の
► It actually happened.
それは実際に起こった。

0095 ☐☐☐

later
[léɪţər]

後で[≒ afterward]，もっと遅く
► three years later (それから)3年後に

0096

yet
[jet]

(疑問文で)もう，(否定文で)まだ(～ない)
► Have you eaten dinner yet?
もう夕食食べた？

0097

quickly
[kwíkli]

すぐに，急いで
quick 形 すばやい
► answer quickly 即座に答える

0098 アクセント

inside
[ìnsáɪd]

屋内に[で]，内側に[で](⇔ outside)
名 (the ～)内部　形 内側の　前 ～の中に
► stay inside (外に出ず)屋内にいる

0099

anyway
[éniwèɪ]

とにかく
► Thanks anyway. とにかくありがとう。

接続詞

0100

while
[*h*waɪl]

…している間に，…ではあるが
[≒ although]
名 (短い)期間，(しばらくの)間
► while I am away 私が留守の間

でる度 A 常にでる基本単語

Section 2

見出し語番号 0101~0200

動詞

0101
taste
[teɪst]
の味がする，を味わう
名 味，好み
► This soup tastes really good.
このスープは本当においしい。

0102
fix
[fɪks]
を修理する [≒ repair]，を固定する
► fix a camera カメラを修理する

0103
hold
[hoʊld]
を開催する，を持つ
★hold-held-held
► hold a welcome party 歓迎会を開く

0104
collect
[kəlékt]
を集める [≒ gather]
collection 名 収集（物）
► collect cans 缶を集める

0105
paint
[peɪnt]
にペンキを塗る，の絵を描く
名 ペンキ，絵の具
painting 名 絵，絵を描くこと
► paint a fence フェンスにペンキを塗る

0106
copy
[ká(:)pi]
（の）写しを取る，（を）まねる
名 コピー，1冊
► copy data データをコピーする

0107 ⚠発音
guess
[ges]
を推測する
名 推測
► guess his age 彼の年齢を推測する

0108 ⚠発音
create
[kri(:)éɪt]
を創造する
creation 名 創作　creature 名 [krí:tʃər] 生き物
creative 形 独創［創造］的な
► create something new 何か新しいものを創造する

0109 ⚠発音

allow
[əláu]

(allow O to *do*で) Oが～するのを許す
► allow my daughter to stay out late
娘が遅くまで外出するのを許す

0110

return
[rɪtə́ːrn]

帰る，戻る〈to ～に〉，を返す [≒ bring back]
名 帰る［戻る］こと
► return to Japan 日本に帰国する

0111

suggest
[səgdʒést]

を提案する〈*doing* ～すること〉，を暗示する
suggestion 名 提案
► suggest studying together
一緒に勉強することを提案する

0112

relax
[rɪlǽks]

くつろぐ，をくつろがせる
relaxed 形 (人が) くつろいだ
relaxing 形 くつろがせる
► Sit back and relax. 深く座ってくつろいでください。

0113

add
[æd]

を加える〈to ～に〉
addition 名 付加，追加，足し算
► Is there anything to add?
何かつけ加えることがありますか。

0114 ⚠発音

reserve
[rɪzə́ːrv]

を予約する，を取っておく〈for ～のために〉
名 (しばしば ～s) 蓄え
reservation 名 予約
► reserve a hotel room ホテルの部屋を予約する

0115

design
[dɪzáɪn]

(を) デザイン［設計］する
名 デザイン，設計
designer 名 デザイナー，設計者
► design a wedding dress ウェディングドレスをデザインする

0116

follow
[fɑ́(ː)lou]

についていく［くる］，に続く，に従う
following 名 (the ～) 以下に述べるもの
following 形 (the ～) 以下の
► Follow me. 私についてきてください。

0117

attract
[ətrǽkt]

の心をとらえる，(注意・興味など) を引く，(受身形で) 魅了される〈to, by ～に〉
attraction 名 魅力，呼び物　attractive 形 魅力的な
► attract young people 若者の心をとらえる

絵の具で絵を描く **0105** paint に対して，
鉛筆やペンで「線画を描く」は draw a picture で表すよ。

0118

pass
[pæs]

(に)合格する，を手渡す，(を)通り過ぎる，(時が)たつ

名 通行証，定期券 [= train pass]

► **pass the test** テストに合格する

0119

miss
[mɪs]

がいなくて寂しく思う，をし損なう，に乗り遅れる (⇔ catch)

missing 形 欠けている，行方不明の

► **I miss you.** あなたがいなくて寂しい。

0120 ⚠ アクセント

recommend
[rèkəménd]

を推薦する，を勧める

recommendation 名 推薦

► **recommend a good book**
良い本を推薦する

0121 ⚠ 発音

serve
[səːrv]

(飲食物)を出す，(に)給仕する，(に)仕える

service 名 (しばしば ～s) 奉仕

► **serve good coffee** おいしいコーヒーを出す

0122

rent
[rent]

を借りる〈from ～から〉，を貸す〈to ～に〉

名 賃貸料，家賃　rental 形 賃貸の

★有償での貸し借りに用いる

► **rent a house from him** 彼から家を借りる

0123

wake
[weɪk]

(wake upで)目を覚ます，(wake *A* upで)Aを起こす

★wake-woke-woken

► **Wake up now!** もう起きなさい！

0124

bake
[beɪk]

(パンなど)を焼く

baker 名 パン職人

bakery 名 パン屋

► **bake cookies** クッキーを焼く

0125 ⚠ アクセント

prepare
[prɪpéər]

(を)準備する〈for ～のために〉

preparation 名 (通例 ～s) 準備

► **prepare food and water for an emergency**
非常事態に備えて食料と水を準備する

0126 ⚠ アクセント

damage
[dǽmɪdʒ]

に損傷[損害]を与える

名 損害

► **damage an expensive car**
高価な車を傷つける

0127 ⚠ 発音

bear
[beər]

を我慢する
★bear-bore-borne
► bear pain 痛みを我慢する

0128

seem
[siːm]

のようだ，のように見える［思える］
［≒ appear］
► He seems (to be) sick. 彼は病気のようだ。

0129

explain
[ɪkspléɪn]

(を)説明する〈to ～に〉
explanation 名 説明
► explain the rule to him 彼に規則を説明する

0130 ⚠ 発音

cause
[kɔːz]

を引き起こす
名 原因
► cause trouble 問題を引き起こす

0131

fill
[fɪl]

を満たす〈with ～で〉
► My room is filled with books.
私の部屋は本でいっぱいだ。

0132

kill
[kɪl]

(を)殺す，(時間)をつぶす
► be killed in the accident 事故で亡くなる

0133 ⚠ 発音

dress
[dres]

服を着る，に服を着せる
名 ドレス，ワンピース
► dress well for work
仕事のためにきちんとした服装をする

0134

throw
[θroʊ]

(を)投げる
★throw-threw-thrown
► throw a ball to him 彼にボールを投げる

0135

notice
[nóʊṭəs]

(に)気づく
名 注目，通知，掲示
► notice a serious error 重大な誤りに気づく

『でる順パス単』の「パス」は **0118** pass「合格する」だよ。
めざせ，準２級合格！

名詞

0136 ⚠発音

result
[rɪzʌ́lt]

結果，(通例 ～s)成果
動 結果として生じる〈from ～の〉
► the result of the test 検査の結果

0137 ⚠発音

front
[frʌnt]

(the ～)(最)前部(⇔ back)，正面
► sit in the front 前方に座る

0138 ⚠発音

recipe
[résəpi]

調理法，レシピ
► my favorite recipe 私のお気に入りの調理法

0139 ⚠発音

area
[éəriə]

地域，区域，領域
★「(地理的な広い)地方」はregion
► a business area 商業地域

0140

visitor
[vízəṭər]

訪問者〈to ～への〉
visit 動 を訪ねる
► visitors to a museum 博物館の来館者

0141 ⚠発音

clothes
[klouz]

衣服
► put on [take off] clothes 服を着る[脱ぐ]

0142

plastic
[plǽstɪk]

プラスチック
形 プラスチックの
► a basket made of plastic
プラスチック製のかご

0143

chance
[tʃæns]

機会 [≒ opportunity]
動 (chance to *do*で)偶然～する
► the last chance to try it
それを試してみる最後の機会

0144

sale
[seɪl]

販売，特売
sell 動 (を)売る
► a house for sale 売り出し中の家

0145

skill [skɪl]

技術，熟練

skillful 形 巧みな

skilled 形 熟練した

► **learn a useful skill** 役に立つ技術を学ぶ

0146 ⚠ 発音

presentation [prèzəntéɪʃən]

発表，提示，贈呈

present 動 を提示する，を贈呈する

► **make a presentation in class** 授業で発表する

0147

flight [flaɪt]

定期航空便，フライト

fly 動 飛ぶ，飛行機で行く

► **My flight was delayed.** 私の便は遅れた。

0148

wheel [*h*wiːl]

車輪，(the ~)（自動車の）ハンドル [= steering wheel]

► **a front wheel** （車の）前輪

0149 ⚠ アクセント

product [prá(ː)dʌkt]

製品，産物

produce 動 を生産する

production 名 生産

► **industrial products** 工業製品

0150

meal [miːl]

食事

► **prepare a meal** 食事の支度をする

0151

seed [siːd]

種（たね），種子

► **have a large seed** 大きな種がある

0152

land [lænd]

陸地（⇔ sea），土地

► **live on land** 陸上で暮らす

0153

medicine [médsən]

薬，医学

medical 形 医学の

► **take some medicine** 薬を飲む

0144 sale には安売りの「セール」の他に「販売」の意味もあるんだね。

0154

reservation
[rèzərvéɪʃən]

（部屋・切符などの）予約 [≒ booking]
reserve 動 を予約する，を取っておく
► Do you have a reservation?
予約はしてありますか。

0155

space
[speɪs]

宇宙，余地
► space travel 宇宙旅行

0156

apartment
[əpáːrtmənt]

アパート
► move into a new apartment
新しいアパートに引っ越す

0157 ⚠アクセント

insect
[ínsekt]

虫，昆虫
► an insect bite 虫刺され

0158

mall
[mɔːl]

ショッピングモール
► go shopping at a mall
ショッピングモールに買い物に行く

0159

smartphone
[smáːrtfòun]

スマートフォン
► download an app [application] onto your smartphone アプリをあなたのスマートフォンにダウンロードする

0160

grade
[greɪd]

成績，学年，等級
動 に等級をつける，を採点する
► get a good grade 良い成績を取る

0161 ⚠発音・アクセント

police
[pəlíːs]

(the ～) 警察
★the police で集合的に「警察」（複数扱い）
► call the police 警察を呼ぶ

0162

prize
[praɪz]

賞，賞品
動 を高く評価する
► give a prize 賞を与える

0163 □□□

market
[mɑ́ːrkət]

市場
► go to (the) market 市場に行く

0164 □□□

fair
[feər]

見本市，博覧会，品評会
形 公正な，晴れた
► a book fair 本の見本市

0165 □□□

section
[sékʃən]

(新聞・雑誌などの)欄，区画，部門
動 を区切る
► the sports section of the newspaper
新聞のスポーツ欄

0166 □□□

price
[praɪs]

価格
► be sold at a high [low] price
高値 [安値] で売られている

0167 □□□

fact
[fækt]

事実，実際にあったこと
► a well-known fact よく知られた事実

0168 □□□

department
[dɪpɑ́ːrtmənt]

(集合的に) (企業などの)部，学部，(店の)売場
★ dept. と略す
► the sales department 営業部

0169 □□□

rule
[ruːl]

規則，支配
動 (を)支配する
► keep [break] the rules 規則を守る [破る]

0170 □□□

nature
[néɪtʃər]

(しばしば N-) 自然，性質
natural 形 自然の，天性の
► live in harmony with nature
自然と調和して暮らす

0171 □□□ ⚠ 発音

island
[áɪlənd]

島
► live on a small island 小島に暮らす

日本で言う「マンション」も **0156** apartment と呼ぶよ。

0172 **goods** [gʊdz]	(複数扱い)商品，品物 ★数詞で修飾されない。数を表すときにはtwo itemsなどと言う ► **camping goods** キャンプ用品
0173 **firefighter** [fáɪərfàɪṭər]	消防隊員 ► **a brave firefighter** 勇敢な消防隊員
0174 ⚠発音 **person** [pə́ːrsən]	(一般に)人，人間 personal 形 個人の，私的な ► **a very important person** とても重要な人物(VIP)
0175 **husband** [hʌ́zbənd]	夫(⇔ wife) ► **husband and wife** 夫婦
0176 ⚠発音 **item** [áɪṭəm]	品目，項目 ► **order a kitchen item** 台所用品を注文する
0177 **neighbor** [néɪbər]	隣人，近所の人 neighborhood 名 近所，地域 ► **My neighbors are very nice.** 私の隣人はとても良い人たちだ。
0178 ⚠発音・アクセント **orchestra** [ɔ́ːrkɪstrə]	オーケストラ，管弦楽団 ► **an orchestra concert** オーケストラのコンサート
0179 **gate** [geɪt]	門，(空港などの)ゲート ► **the front gate** 表門

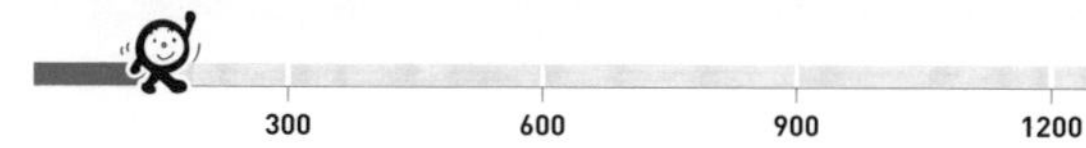

形容詞

0180
healthy
[hélθi]
健康に良い，健康な（⇔ unhealthy）
health 名 健康
► **healthy food** 体に良い食べ物

0181
true
[truː]
本当の（⇔ false）
truth 名 （通例 the ～）真実
► **true love** 本当の愛

0182
afraid
[əfréɪd]
（…ではないかと）心配して，怖がって
► **I'm afraid he will be late.**
彼が遅刻するのではないかと心配だ。

0183
dangerous
[déɪndʒərəs]
危険な（⇔ safe）
endanger 動 を危険にさらす
danger 名 危険
► **a dangerous adventure** 危険な冒険

0184
wild
[waɪld]
野生の，荒れ果てた
► **wild animals** 野生動物

0185
safe
[seɪf]
安全な（⇔ dangerous），無事で
名 金庫
safety 名 安全　safely 副 無事に
► **hide it in a safe place** それを安全な場所に隠す

0186
past
[pæst]
過去の（⇔ present 現在の，future 未来の）
名 （the ～）過去
► **past failure** 過去の失敗

0187 ⚠ 発音
available
[əvéɪləbl]
入手［利用］できる，手が空いている
► **This shirt is available in all sizes.**
このシャツはすべてのサイズがそろっている。

0185 safe には名詞で「金庫」の意味があるんだね。

0188 □□□

successful
[səksésfəl]

成功した〈in ~に〉
success 名 成功　succeed 動 成功する
► a successful businessperson
成功した事業家

0189 □□□ ⚠ アクセント

perfect
[pə́ːrfɪkt]

完全な
動 を完全にする
perfectly 副 全く，完璧に
► in perfect condition 完全な状態で

副詞

0190 □□□

less
[les]

(程度・回数が) より少なく (⇔ more)
★littleの比較級，little-less-least
► less busy than usual いつもより忙しくない

0191 □□□

easily
[íːzɪli]

簡単に，気楽に
ease 名 たやすさ
easy 形 容易な
► solve a problem easily 簡単に問題を解く

0192 □□□

else
[els]

その他に，代わりに
► Anything else? 他に何かありますか。

0193 □□□ ⚠ 発音

abroad
[əbrɔ́ːd]

海外で[へ，に] [≒ overseas] (⇔ at home)
► study abroad 海外で勉強する (留学する)

0194 □□□

recently
[ríːsəntli]

最近，近ごろ [≒ lately]
recent 形 最近の
► The singer has been popular recently.
その歌手は最近人気がある。

0195 □□□

nowadays
[náuədèɪz]

今日(こんにち)では，近ごろは [≒ these days]
★現在時制で用いる
► Nowadays, computers are widely used.
今日ではコンピュータが広く使用されている。

0196 □□□ ⚠アクセント

somewhere
[sʌ́mhwèər]

どこかに［で，へ］
名 どこか
★否定文・疑問文では anywhere
► He is hiding somewhere. 彼はどこかに隠れている。

0197 □□□

forward
[fɔ́ːrwərd]

（時間的に）先へ，（空間的に）前へ［に］
（⇔ backward）
形 前方への　動 を転送する
► go forward to the future 未来に向かって前進する

接続詞

0198 □□□ ⚠アクセント

although
[ɔːlðóu]

…だけれども［≒ though］
★thoughよりも改まった語で強意的
► Although I'm busy, I'll go.
忙しいけれど行きます。

前置詞

0199 □□□ ⚠アクセント

without
[wɪðáut]

～なしで［の］，（without *doing*で）～しないで
► dogs without homes 家のない犬

0200 □□□ ⚠発音

through
[θruː]

～を通って，～を通じて，～中ずっと
► go through the tunnel
トンネルを通り抜ける

0194 recentlyは，通例完了形・過去時制で使われるよ。

でる度 A 常にでる基本単語

Section 3

見出し語番号 0201~0300

動詞

0201 ⚠発音
exchange
[ɪkstʃéɪndʒ]
を交換する，を両替する〈for ～と〉
名 交換，両替
► exchange ideas 意見交換する

0202
drop
[drɑ(:)p]
を落とす，を下ろす，(物が)突然落ちる
名 しずく
► drop a camera カメラを落とす

0203 ⚠発音
climb
[klaɪm]
(を)登る
► climb a huge rock 巨大な岩を登る

0204
smell
[smel]
のにおいがする
名 におい
► It smells good. いいにおいがする。

0205
date
[deɪt]
(と)デートする
名 デート，日付
► decide to date her
彼女とデートすることにする

0206
introduce
[ìntrədjú:s]
を紹介する，を導入する〈to ～に〉
introduction 名 紹介，導入
► He introduced himself at the party.
彼はパーティーで自己紹介した。

0207
recycle
[rì:sáɪkl]
(を)再生利用する
recycling 名 再生利用
★3Rとはreduce「削減する」，reuse「再利用する」，recycle
► recycle plastic bottles ペットボトルを再生利用する

0208
perform
[pərfɔ́:rm]
を上演する，(を)演じる，を実行する
performance 名 公演，演技，実行
► perform a play 劇を上演する

0209 □□□

wish
[wɪʃ]

…であればいいのに（と思う），を願う
名 願い
★仮定法で用いることが多い
► I wish you were here. 君がここにいればいいのになあ。

0210 □□□

marry
[mǽri]

と結婚する
marriage 名 結婚
► Finally, he married her.
ついに彼は彼女と結婚した。

0211 □□□

express
[ɪksprés]

を表現する
名 急行　形 急行の
expression 名 表現，表情
► express your idea あなたの考えを表現する

0212 □□□

hide
[haɪd]

隠れる，を隠す
★hide-hid-hidden
hidden 形 隠された
► hide behind the door ドアの後ろに隠れる

0213 □□□

protect
[prətékt]

を保護する〈from, against ～から〉
protection 名 保護
protective 形 保護する，防御する
► protect children from danger 子供たちを危険から守る

0214 □□□

receive
[rɪsíːv]

を受け取る
receipt 名 領収書
reception 名 受付，フロント
► receive a letter from him 彼から手紙を受け取る

0215 □□□ ⚠発音

steal
[stiːl]

を盗む，盗みをする〈from ～から〉
★steal-stole-stolen
► steal money from a bank 銀行から金を盗む

0216 □□□ ⚠アクセント

interview
[ínt̬ərvjùː]

にインタビューする，と面接する
名 インタビュー，面接
► interview a famous soccer player
有名なサッカー選手にインタビューする

0217 □□□

feed
[fiːd]

に食べ物を与える
★feed-fed-fed
food 名 食べ物
► feed a baby 赤ちゃんに食事を与える

お店でもらう「レシート（receipt）」は **0214** receive の名詞形だよ。

0218 ⚠ 発音

spread
[spred]

広がる，を広げる
★spread-spread-spread
名 広がり，広まり
► **spread all over the country** 国中に広がる

0219

deliver
[dɪlívər]

(を)配達する
delivery 名 配達
► **deliver newspapers** 新聞を配達する

0220 ⚠ 発音

search
[səːrtʃ]

捜す〈for ～を〉
名 捜索
► **search for a missing dog**
行方不明の犬を捜す

0221

bite
[baɪt]

(を)噛(か)む
★bite-bit-bitten
名 噛むこと，ひとかじり
► **be bitten by a dog** 犬に噛まれる

0222

trade
[treɪd]

(を)交換する〈for ～と〉，貿易をする
名 交換，貿易
► **trade food for gold** 食料を金と交換する

0223

announce
[ənáuns]

を発表する
announcement 名 発表
► **announce a new plan** 新しい計画を発表する

0224 ⚠ アクセント

produce
[prədjúːs]

(を)生産する(⇔ consume)，を引き起こす
[≒ bring about]
product 名 製品，産物　production 名 生産
► **produce goods** 商品を生産する

0225

share
[ʃeər]

(を)共有する〈with ～と〉，を分け合う
名 分け前
► **share a room with him** 彼と部屋を共有する

0226

draw
[drɔː]

を描く，を引く
★draw-drew-drawn
drawing 名 線画
► **draw a picture** 線画を描く

名詞

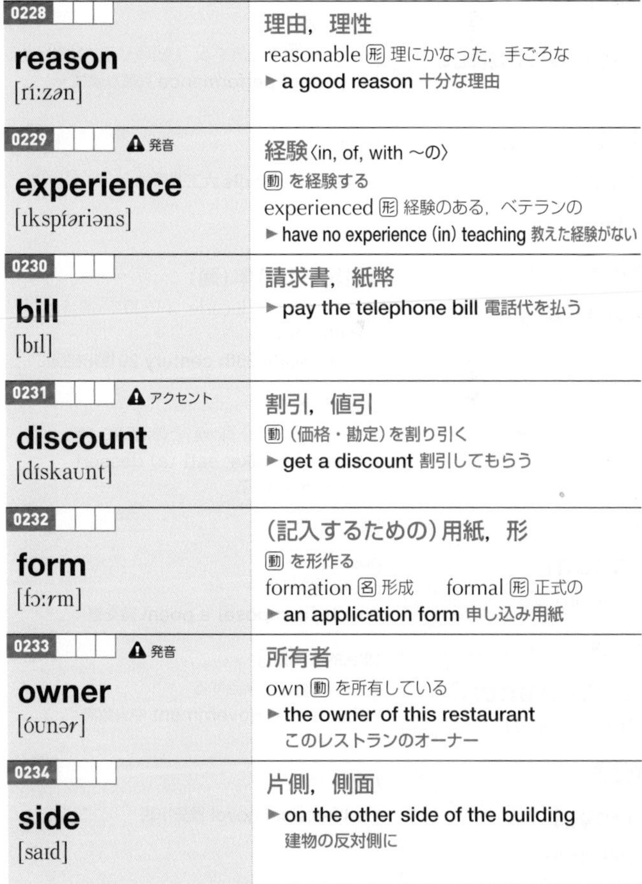

0227 ⚠発音 **wood** [wʊd]	木材，（しばしば the ～sで）森 wooden 形 木製の ► a house made of wood 木造の家
0228 **reason** [ríːzən]	理由，理性 reasonable 形 理にかなった，手ごろな ► a good reason 十分な理由
0229 ⚠発音 **experience** [ɪkspíəriəns]	経験〈in, of, with ～の〉 動 を経験する experienced 形 経験のある，ベテランの ► have no experience (in) teaching 教えた経験がない
0230 **bill** [bɪl]	請求書，紙幣 ► pay the telephone bill 電話代を払う
0231 ⚠アクセント **discount** [dískaʊnt]	割引，値引 動（価格・勘定）を割り引く ► get a discount 割引してもらう
0232 **form** [fɔːrm]	（記入するための）用紙，形 動 を形作る formation 名 形成　formal 形 正式の ► an application form 申し込み用紙
0233 ⚠発音 **owner** [óʊnər]	所有者 own 動 を所有している ► the owner of this restaurant このレストランのオーナー
0234 **side** [saɪd]	片側，側面 ► on the other side of the building 建物の反対側に

「お勘定」はアメリカ英語で check，イギリス英語で bill と言うんだって。

0235

community
[kəmjúːnəṭi]

コミュニティー，地域社会

► a community center
公民館，コミュニティーセンター

0236

guest
[gest]

（家・ホテルなどの）客

形 招待された

★「商店の客」はcustomer，「乗客」はpassenger

► a hotel guest ホテルの宿泊客

0237

performance
[pərfɔ́ːrməns]

演技，実行

perform 動 を上演する，(を)演じる，を実行する

► a perfect performance 完璧な演技

0238 発音

tool
[tuːl]

道具

► carpenter tools 大工道具

0239

century
[séntʃəri]

1世紀，100年(間)

★「10年(間)」はdecade，「1000年(間)」はmillennium

► in the early 20th century 20世紀初頭に

0240 発音

dessert
[dɪzə́ːrt]

デザート

★desert [dézərt]「砂漠」との混同に注意

► have [get, take, eat] (a) dessert
デザートを食べる

0241

poem
[póʊəm]

詩

poet 名 詩人

poetic 形 詩の

► write [compose] a poem 詩を書く

0242

government
[gʌ́vərnmənt]

(集合的に)政府

govern 動 (を)統治する

► the central government 中央政府

0243

novel
[ná(ː)vəl]

小説

► a historical novel 歴史小説

0244 □□□

professor
[prəfésər]

教授 [= Prof.]
► Professor Robert Long ロバート・ロング教授

0245 □□□ ⚠ アクセント

project
[prɑ́(ː)dʒekt]

計画，事業，プロジェクト
動 [prədʒékt] を計画する，(光など) を投じる
► a research project 研究計画

0246 □□□

charity
[tʃǽrəṭi]

慈善 (事業)
► a charity concert チャリティーコンサート

0247 □□□

million
[míljən]

100万，(～s) 数百万もの人 [物]
形 100万の，多数の
► a few million 数百万

0248 □□□ ⚠ アクセント

instrument
[ínstrəmənt]

器具，道具
► a musical instrument 楽器

0249 □□□

mistake
[mɪstéɪk]

間違い，誤り
動 を間違える〈for ～と〉
► make a mistake 間違える

0250 □□□ ⚠ 発音

earth
[əːrθ]

(the ～，(the) Earth で) 地球
► live on the Earth 地球に暮らす

0251 □□□

address
[ədrés]

住所，演説
動 にあて名を書く，に演説する
► her present address 彼女の現住所

0252 □□□

co-worker
[kóuwəːrkər]

同僚，協力者
► a co-worker at my office 私の会社の同僚

0245 project は名詞と動詞でアクセントが異なるよ。
こういう違いのある単語は少なくないんだ。

0253 ☐☐☐

cleaner
[klíːnər]

(the ～s または the ～'sで) **クリーニング店，洗剤**
clean 動 (を)きれいにする
► take a suit to the cleaner's スーツをクリーニング店に持っていく

0254 ☐☐☐

match
[mætʃ]

試合
動 (と)調和する，に匹敵する
► a tennis match テニスの試合

0255 ☐☐☐

fan
[fæn]

ファン，熱心な愛好者
★fun [fʌn]「楽しみ」との混同に注意
► a big fan of the music band
その音楽バンドの大ファン

0256 ☐☐☐

grandparent
[grǽndpèərənt]

祖父，祖母
★grandfather は「祖父」，grandmother は「祖母」
► I visited my grandparents.
私は祖父母の元を訪ねた。

0257 ☐☐☐

president
[prézɪdənt]

(しばしば P-) **大統領，**(ときに P-) **社長**
► President Kennedy ケネディ大統領

0258 ☐☐☐

wallpaper
[wɔ́ːlpèɪpər]

壁紙
► colorful wallpaper はなやかな壁紙

0259 ☐☐☐

health
[helθ]

健康(なこと)，健康状態
healthy 形 健康な
► be in good health 健康である

0260 ☐☐☐ ⚠ 発音・アクセント

Europe
[jʊ́ərəp]

ヨーロッパ
European 形 ヨーロッパ(人)の
► travel across Europe
ヨーロッパ横断旅行をする

0261 ☐☐☐ ⚠ アクセント

technology
[teknɑ́(ː)lədʒi]

科学技術，テクノロジー
► information technology 情報技術(IT)

0262 ⚠発音

suit
[suːt]

スーツ，衣服
動 にとって都合が良い，に似合う
suitable 形 適した
► a man in a black suit 黒いスーツを着た男性

0263

note
[nout]

覚え書き，注釈
動 を書き留める
★notebook「ノート（冊子）」との混同に注意
► take notes in class 授業でノート[メモ]を取る

0264

score
[skɔːr]

得点
動 （点）を取る
► get a perfect score 満点を取る

0265

gift
[gɪft]

才能〈for ～に対する〉，贈り物〈for ～への〉
► have a special gift for music
音楽に特別な才能がある

0266

rest
[rest]

休み，休憩
動 を休ませる，休憩する
► Let's take a rest and have coffee.
一休みしてコーヒーを飲もう。

0267

view
[vjuː]

眺め，見方，（しばしば ～s）意見
動 を見る
► a beautiful view of the old city
その古都のきれいな眺め

0268

crowd
[kraud]

（集合的に）群衆
動 群がる
crowded 形 混雑した
► a crowd of people 人だかり

0269

jazz
[dʒæz]

ジャズ
► listen to jazz music ジャズ音楽を聞く

0270

direction
[dərékʃən]

方向，（～s）指示
direct 動 （を）指揮する，に指図する
► in all directions すべての方向に

0271

topic
[tá(:)pɪk]

話題
► today's main topic 今日の主な話題

0272

wallet
[wá(:)lət]

(二つ折りの)財布
★女性用の財布はpurseとも呼ぶ
► a thick wallet 厚い財布

0273

piece
[pi:s]

一片，(数えられない名詞の個数を表して)1個[1本，1枚]
► be made of many different pieces of wood 多くのさまざまな木片で作られている

0274 発音

package
[pǽkɪdʒ]

(小さな)包み
► send [pick up] a package
荷物を送る[引き取る]

0275

teammate
[tí:mmèɪt]

チームメート
► cheer up a teammate チームメートを励ます

0276

playground
[pléɪgràʊnd]

遊び場，(学校など公共の)運動場
► a safe playground for children
子供にとって安全な遊び場

0277

planet
[plǽnɪt]

惑星(⇔ star 恒星)
► Planets move around the sun.
惑星は太陽の周りを巡る。

0278 アクセント

salon
[səlá(:)n]

(服飾・美容などの)(高級)店，(大邸宅の)居間
► a hair [beauty] salon 美容室

0279

accident
[ǽksɪdənt]

事故，偶然
accidental 形 事故による，偶然の
► cause a car accident 自動車事故を起こす

0280

actor
[ǽktər]

俳優
act 動 (を)演じる
★男女区別なく使えるが，男優だけを指すことも多い。actress「女優」
► **a movie actor** 映画俳優

形容詞

0281

traditional
[trədíʃənəl]

伝統的な
tradition 名 伝統
traditionally 副 伝統的に
► **a traditional way of life** 伝統的な生活様式

0282

Russian
[rʌ́ʃən]

ロシアの，ロシア人[語]の
名 ロシア人，ロシア語　Russia 名 ロシア
► **traditional Russian culture**
伝統的なロシア文化

0283

human
[hjúːmən]

人間の，人間的な
名 人間
► **a human body** 人体

0284

cheap
[tʃiːp]

安い (⇔ expensive)
cheaply 副 安く
► **a cheap camera** 安いカメラ

0285

either
[íːðər]

(2者のうち)どちらか(一方)の，どちらでも
代 どちらか，どちらでも　副 (否定文で)〜もない，(either *A* or *B*で) AかBか(どちらか)
► **in either case** どちらの場合でも

0286

professional
[prəféʃənəl]

プロの，専門の (⇔ amateur)
名 専門家　profession 名 職業
► **a professional baseball player**
プロ野球選手

0287

similar
[símələr]

類似した〈to 〜に〉，同種の (⇔ different)
similarity 名 類似
similarly 副 同じように
► **in a similar way** 同様に

0273「2枚の紙」は two pieces of paper と言うよ。

0288

part-time
[pɑ́ːrttáɪm]

パート(タイム)の，非常勤の(⇔ full-time)
副 パート(タイム)で，非常勤で
★英語では「パート(part)」のような省略した言い方はない
▶ **do a part-time job** アルバイトをする

0289

whole
[hoʊl]

全体の
★hole「穴」と同音
▶ **the whole world** 全世界

0290

frozen
[fróʊzən]

凍った
freeze 動 凍る，を凍らせる
freezing 形 いてつくように寒い
▶ **buy frozen foods** 冷凍食品を買う

0291

central
[séntrəl]

中心(部)の
center 名 中心
▶ **a central area** 中心部

0292 発音

loud
[laʊd]

(声や音が)大きい(⇔ low)，騒々しい(⇔ quiet)
副 大声で　loudly 副 大声で
★aloud「声に出して」との混同に注意
▶ **in a loud voice** 大声で

0293 アクセント

magic
[mǽdʒɪk]

奇術の，魔法の
名 魔法，奇術
▶ **do a magic trick** 手品をする

副詞

0294 発音

pretty
[prɪ́ti]

なかなか，結構
形 かわいらしい
★very の代わりに口語で用いられる
▶ **It tastes pretty good.** なかなかおいしい。

0295

certainly
[sə́ːrtənli]

(返答として)もちろんです，(しばしば文修飾)確かに
certain 形 確信して，(はっきりと言わず)ある～
▶ **Certainly, sir.** かしこまりました，お客さま。

0296

finally
[fáɪnəli]

ついに [≒ at last]，最後に
final 形 最後の
► **Finally, they succeeded.**
ついに彼らは成功した。

0297

alone
[əlóʊn]

1人で，独力で，～だけ
► **live alone** 1人で暮らす

0298 アクセント

therefore
[ðéərfɔ̀ːr]

それゆえに
★so より堅い語
► **Therefore, I agree.** ゆえに私は同意する。

0299

lately
[léɪtli]

最近，近ごろ [≒ recently]
★現在完了の文で用いられることが多い
► **He has not been seen lately.**
彼を最近見かけない。

助動詞

0300

might
[maɪt]

(もしかすると)～かもしれない
★may よりも低い可能性を表すことが多い
► **He might not show up.**
彼は姿を現さないかもしれない。

「アルバイト」の語源はドイツ語。英語では **0288** a part-time job だよ。

でる度 A 常にでる基本単語

Section 4

見出し語番号 0301~0400

動詞

0301

stand
[stænd]

を我慢する [≒ put up with]，立っている
★stand-stood-stood
名 台，スタンド
► I can't stand it anymore. もうそれに耐えられない。

0302

reach
[riːtʃ]

に到着する [≒ get to, arrive at [in]]
名 届く距離
► reach the destination 目的地に到着する

0303

promise
[prá(ː)məs]

(を)約束する〈to *do* ～すること〉
名 約束
► promise to take you to the movies
君を映画(館)に連れていくと約束する

0304

film
[fɪlm]

(を)撮影する，を映画化する
名 フィルム，映画 [≒ movie]
► film a movie 映画を撮影する

0305

fit
[fɪt]

に(サイズが)ぴったり合う，に適している
名 ぴったり合うこと　形 適した〈for ～に〉
► This shirt fits me well.
このシャツは私にサイズがぴったりだ。

0306　⚠ アクセント

celebrate
[séləbrèɪt]

(を)祝う
celebration 名 祝賀
► celebrate a wedding anniversary
結婚記念日を祝う

0307

stretch
[stretʃ]

ストレッチをする，のびる，をのばす
► Stretch before you swim.
泳ぐ前にストレッチをしなさい。

0308

cover
[kʌ́vər]

を覆う〈with ～で〉
名 覆い，カバー
► be covered with snow 雪で覆われている

0309 ⚠アクセント **develop** [dɪvéləp]	を開発する，を発達させる，発達する development 名 発達，発展 ► **develop a special system** 特別なシステムを開発する
0310 **solve** [sɑ(:)lv]	を解決する solution 名 解決 ► **solve a difficult problem** 難しい問題を解決する
0311 **discover** [dɪskʌ́vər]	を発見する [≒ find out] discovery 名 発見 ► **discover a new fact** 新事実を発見する
0312 ⚠アクセント **continue** [kəntínju(:)]	を続ける〈to do, *doing* ～すること〉，続く ► **continue to talk** 話し続ける
0313 **face** [feɪs]	に直面する，の方を向く 名 顔 ► **face reality** 現実に直面する
0314 **shape** [ʃeɪp]	を形作る，を形成する 名 形，形状 ► **It is shaped like a ball.** それはボールのような形だ。
0315 **print** [prɪnt]	(を)印刷する 名 印刷 printer 名 印刷機，プリンター ► **print out my report** 私のレポートをプリントアウトする
0316 **lend** [lend]	(lend *A B* で) AにBを貸す (⇔ borrow) ★lend-lent-lent ► **lend him some money** 彼にお金を貸す
0317 **realize** [rí:əlàɪz]	を悟る，を実現する realization 名 理解，実現 ► **realize the importance of life** 命の大切さを悟る

0318 □□□ ⚠発音

wonder
[wʌ́ndər]

…かなと思う
名 驚くべきこと［人・物］，驚異
► **I wonder where he went.**
彼はどこに行ったのかな。

0319 □□□

die
[daɪ]

死ぬ〈of, from ～で〉
death 名 死　dead 形 死んだ
► **Many animals died of this disease.**
多くの動物がこの病気で死んだ。

0320 □□□

pull
[pul]

(を)引く (⇔ push)
► **pull a rope** 綱を引く

0321 □□□

push
[puʃ]

(を)押す (⇔ pull)
► **Don't push me.** 私を押さないで。

0322 □□□

shake
[ʃeɪk]

を振る，揺れる
★shake-shook-shaken
名 (通例 a ～) 振ること
► **shake *one's* head to say no** 頭［首］を横に振って断る

0323 □□□ ⚠アクセント

agree
[əgríː]

賛成する〈with (人・考え)に〉，同意する〈to (提案など)に〉(⇔ disagree)
agreement 名 合意，協定
► **agree with your idea** あなたの考えに賛成する

0324 □□□

mean
[miːn]

を意味する
★mean-meant [ment] -meant
► **What does it mean?**
それはどういう意味ですか。

0325 □□□

mind
[maɪnd]

(を)気にする［嫌がる］〈*doing* ～すること〉，(に)気をつける
名 心，精神
► **I don't mind.** 気にしません。

0326 □□□ ⚠発音

improve
[ɪmprúːv]

を改良［改善］する，良くなる
improvement 名 改良，改善
► **improve the quality of the product**
製品の質を改良する

0327 □□□

include
[ɪnklúːd]

を含む（⇔ exclude）
inclusion 名 含有物　including 前 ～を含めて
▶ **Tax is included in the price.**
税金が価格に含まれている。

0328 □□□

enter
[énṭər]

に入る［≒ come［go］into］，に参加［出場］する
entrance 名 入り口　entry 名 入場，参加
▶ **enter a university** 大学に入る

0329 □□□ アクセント

communicate
[kəmjúːnɪkèɪt]

意思を通じ合う〈with ～と〉
communication 名 伝達，通信
▶ **communicate with foreign people**
外国人と意思を通じ合う

名詞

0330 □□□ 発音

tourist
[tʊ́ərəst]

観光客，旅行者
tour 名 旅行
▶ **a tourist information office** 観光案内所

0331 □□□

center
[sénṭər]

中心，センター
central 形 中心（部）の
▶ **at the center of the city** 市の中心部に

0332 □□□

attention
[əténʃən]

注目，注意
attend 動 注意を向ける，に出席する
▶ **attract attention** 注目を集める

0333 □□□

couple
[kʌ́pl]

カップル，2つ3つ，一対
▶ **a married couple** 夫婦

0334 □□□

license
[láɪsəns]

免許（証）
動 を認可する
▶ **a driver's license** 運転免許証

0323 agree with ～ は，「～と意見が一致する，同意見である」という意味合いだよ。

0335 □□□

kid
[kɪd]

子供 [≒ child]
★childよりもくだけた語
▶ **younger kids** 幼い子供たち

0336 □□□ ⚠アクセント

desert
[dézərt]

砂漠，荒れ野
形 砂漠の（ような）
★dessert [dɪzə́ːrt]「デザート」との混同に注意
▶ **grow in a desert** 砂漠で育つ

0337 □□□

invention
[ɪnvénʃən]

発明（品）
invent 動 を発明する　inventor 名 発明家
▶ **introduce new inventions**
新しい発明品を紹介する

0338 □□□

chemistry
[kémɪstri]

化学
chemist 名 化学者
chemical 形 化学の
▶ **major in chemistry** 化学を専攻する

0339 □□□

neighborhood
[néɪbərhʊ̀d]

近所，地域
neighbor 名 隣人
▶ **in my neighborhood** 私の家の近所に

0340 □□□

officer
[ɑ́(ː)fəsər]

警官，役人
▶ **a police officer** 警官

0341 □□□

moment
[móʊmənt]

瞬間，時点
▶ **wait for that moment** その瞬間を待つ

0342 □□□

rock
[rɑ(ː)k]

岩
rocky 形 岩の多い
▶ **huge rock** 巨大な岩

0343 □□□

cart
[kɑːrt]

ショッピングカート，（食事を運ぶ）ワゴン，荷馬車
▶ **a shopping cart** ショッピングカート

0344
grass
[græs]
(通例 the ～)芝生，草
★glass「グラス，ガラス」と混同注意
▶ have a picnic on the grass
芝生の上でピクニックをする

0345
traffic
[træfɪk]
交通(量)
▶ There is heavy traffic today.
今日は交通量が多い。

0346
staff
[stæf]
(集合的に)スタッフ，職員
▶ medical staff 医療スタッフ

0347
snake
[sneɪk]
ヘビ
▶ go to the zoo to see snakes
動物園にヘビを見に行く

0348
grocery
[gróusəri]
(～ies)食料雑貨，食料雑貨店 [= grocery store]
▶ buy some groceries 食料雑貨を買う

0349
fee
[fiː]
料金，謝礼
★医師や弁護士などの専門家に払う料金。乗り物の料金はfare
▶ school fees 授業料

0350
clothing
[klóuðɪŋ]
(集合的に)衣服，衣類
★clothes「衣服」よりもやや格式ばった語
▶ her favorite clothing store
彼女のお気に入りの洋服店

0351
training
[tréɪnɪŋ]
訓練，トレーニング
train 動 を訓練する
▶ begin hard training for a marathon マラソン大会に向けて厳しいトレーニングを始める

0352 ⚠ 発音
yoga
[jóugə]
ヨガ
▶ go to a yoga class ヨガの教室に行く

0353

truck
[trʌk]

トラック
★track「線路，走路」との混同に注意
► **a food truck** フードトラック（移動式屋台）

0354

forest
[fɔ́(:)rəst]

森林（地帯），山林
► **a forest fire** 森林火災，山火事

0355

flavor
[fléɪvər]

味，風味，趣
動 に味つけをする〈with ～で〉
► **a bitter flavor** 苦味

0356 発音

weight
[weɪt]

重さ，体重
weigh 動 の重さを量る
► **gain [lose] weight** 体重が増える［減る］

0357

subway
[sʌ́bwèɪ]

（通例 the ～）地下鉄
► **subway lines** 地下鉄の路線

0358

discovery
[dɪskʌ́vəri]

発見
discover 動 を発見する
► **the discovery of a new planet**
新しい惑星の発見

0359 発音

oven
[ʌ́vən]

オーブン，天火
► **roast beef in the oven**
オーブンで牛肉を焼く

0360

ID
[àɪ dí:]

身分証明（書）
★identification，identityの略
► **a student ID card** 学生証

0361

beginner
[bɪɡínər]

初心者，初学者
begin 動 始める　beginning 名 初め，始まり
► **a dance class for beginners**
初心者向けのダンス教室

0362 ⚠発音

cough
[kɔːf]

せき
動 せきをする
► have a bad cough ひどいせきをしている

0363

firework
[fáɪərwə̀ːrk]

(通例 ～s)花火
► go to watch fireworks 花火を見に行く

0364

flag
[flæg]

旗
► wave a flag 旗を振る

0365

housework
[háuswə̀ːrk]

家事
► do housework 家事をする

0366

ant
[ænt]

アリ
★aunt「おば」と同じ発音
► eat insects like ants
アリのような虫を食べる

0367

ground
[graund]

(通例 the ～)地面，土地
► lie on the ground 地面に寝そべる

0368

schedule
[skédʒuːl]

予定(表)，スケジュール
動 を予定する
► check the bus schedule
バスの時刻表を確認する

0369

noise
[nɔɪz]

騒音
noisy 形 騒々しい
► make a loud noise 大きな音を立てる

0370

storm
[stɔːrm]

嵐，暴風雨
stormy 形 嵐の(ような)
► be caught in a heavy storm
激しい嵐にあう

0357 subway「地下鉄」は主にアメリカ英語で，
イギリスでは underground や tube と呼ぶんだって。

0371

shelf
[ʃelf]

棚，棚板

▶ take a book from the shelf
棚から本を取り出す

0372 ⚠ 発音・アクセント

elevator
[élɪvèɪţər]

エレベーター

★イギリス英語では lift

▶ wait for an elevator エレベーターを待つ

形容詞

0373

Pacific
[pəsífɪk]

太平洋（沿岸）の

名 (the ～) 太平洋

★大西洋は Atlantic (Ocean)

▶ the Pacific Ocean 太平洋

0374

careful
[kéərfəl]

注意深い（⇔ careless）

care 名 注意，世話　carefully 副 注意して

▶ Be careful not to catch (a) cold.
風邪をひかないように気をつけなさい。

0375

public
[pʌ́blɪk]

公共の，公立の（⇔ private）

名 公衆

▶ a public phone 公衆電話

0376

British
[brítɪʃ]

英国の

Britain 名 英国（Great Britain の略称）

▶ British children 英国の子供たち

0377

friendly
[fréndli]

友好的な，人なつっこい（⇔ unfriendly）

friend 名 友人

▶ a friendly relationship 友好的な関係

0378

native
[néɪţɪv]

生まれた土地の，その土地［国］固有の

名 その土地［国］に生まれた人，ネイティブ

▶ a native language 母語

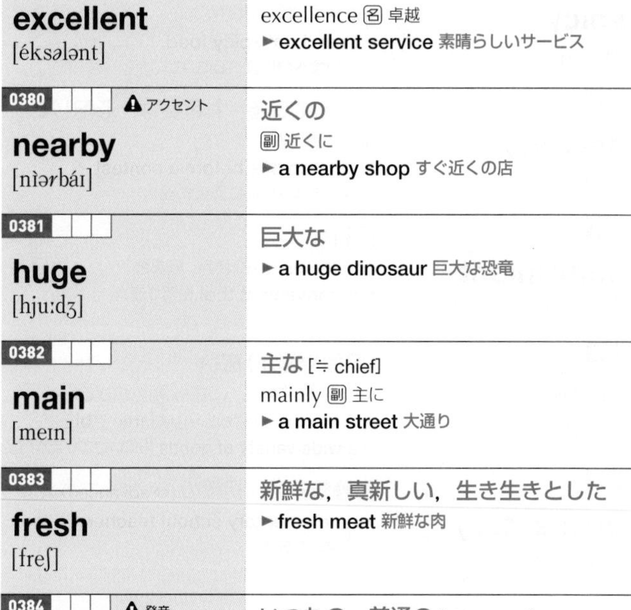

0379 □□□

excellent
[éksələnt]

優れた〈in, at ～に〉
excellence 名 卓越
► **excellent service** 素晴らしいサービス

0380 □□□ ⚠アクセント

nearby
[nìərbáɪ]

近くの
副 近くに
► **a nearby shop** すぐ近くの店

0381 □□□

huge
[hjuːdʒ]

巨大な
► **a huge dinosaur** 巨大な恐竜

0382 □□□

main
[meɪn]

主な [≒ chief]
mainly 副 主に
► **a main street** 大通り

0383 □□□

fresh
[freʃ]

新鮮な，真新しい，生き生きとした
► **fresh meat** 新鮮な肉

0384 □□□ ⚠発音

usual
[júːʒuəl]

いつもの，普通の (⇔ unusual)
usually 副 たいてい，普通は
► **eat at the usual place**
いつものところで食事する

0385 □□□

boring
[bɔ́ːrɪŋ]

退屈な (⇔ interesting)
bore 動 を退屈させる
bored 形 退屈した
► **a boring TV show** 退屈なテレビ番組

0386 □□□

colorful
[kʌ́lərfəl]

色彩豊かな，色鮮やかな
color 名 色
► **colorful flowers** 色とりどりの花々

0387 □□□

scary
[skéəri]

恐ろしい，怖い
scare 動 をおびえさせる　scared 形 おびえた
★scaryは口語で用いられる
► **a scary story** 怖い話

0377 friendlyは -ly で終わっているけど副詞じゃないよ。

0388 □□□

spicy
[spáɪsi]

ぴりっとした，薬味の効いている

spice 名 薬味，スパイス

► I can't eat spicy food.
辛い食べ物は食べられない。

0389 □□□

nervous
[nə́ːrvəs]

緊張している，神経質な，心配して

nerve 名 神経

► get nervous before a contest
コンテストの前に緊張する

0390 □□□

convenient
[kənvíːniənt]

便利な

convenience 名 便利，好都合

► a convenient tool 便利な道具

0391 □□□

wide
[waɪd]

（範囲や幅が）広い

width 名 横幅　　widen 動 を広げる

★部屋などの「面積が広い」はlargeやbig

► a wide variety of goods 幅広いさまざまな商品

0392 □□□

elementary
[èlɪméntəri]

初等教育の，初級の（⇔ advanced）

► an elementary school teacher
小学校の先生

副詞

0393 □□□ ⚠ 発音

once
[wʌns]

一度，かつて

接 いったん…すると

► I have visited it once.
一度そこを訪れたことがある。

0394 □□□

anymore
[ènimɔ́ːr]

（否定文で）これ以上（～ない）

★any moreと2語でつづられることもある

► I can't walk anymore.
私はこれ以上歩けない。

0395 □□□

almost
[ɔ́ːlmòust]

もう少しで（～するところだ），ほとんど［≒ nearly］

► They almost won the game.
彼らはその試合にもう少しで勝つところだった。

0396

carefully
[kéərfəli]

注意して，気をつけて
careful 形 注意深い
► check the information carefully
その情報を注意して確認する

0397

luckily
[lʌ́kɪli]

運良く
lucky 形 幸運な
luck 名 幸運，運
► Luckily, we won. 幸運にも私たちは勝った。

0398 アクセント

outdoors
[àutdɔ́ːrz]

屋外で［に］(⇔ indoors)
outdoor 形 屋外(で)の
► play outdoors 屋外で遊ぶ

0399

clearly
[klíərli]

はっきりと，わかりやすく
clear 形 はっきりした，澄んだ
► explain everything clearly
すべてをはっきりと説明する

前置詞

0400

against
[əgénst]

～を対戦相手として，～に反対して
(⇔ for)
► compete against each other お互いに競う

0392「初等教育の」は，イギリス英語では primary と言うよ。

単語編 でる度A チェックテスト

1 下線部の語句の意味を答えましょう。

(1) **move** to a new town　新しい町に(　　　　)

(2) **agree** with your idea　あなたの考えに(　　　　)

(3) an application **form**　申し込み(　　　　)

(4) hide it in a **safe** place　それを(　　　　)場所に隠す

2 日本語に合うように(　　)に英単語を入れましょう。

(1) 英語で話す練習をする　(　　　　) speaking in English

(2) 運動をする　get some (　　　　)

(3) 予約はしてありますか。　Do you have a (　　　　)?

3 下線部の単語の意味と，その反意語を答えましょう。

(1) **forget** a promise　⇔ (　　　　) meeting her somewhere

約束を(　　　　)

(2) **borrow** books from a library

⇔ (　　　　) him some money

図書館から本を(　　　　)

(3) an **expensive** dress　⇔ a (　　　　) camera

(　　　　)ドレス

正解

1 (1) 引っ越す(→0009)　(2) 賛成する(→0323)　(3) 用紙(→0232)
(4) 安全な(→0185)

2 (1) practice(→0017)　(2) exercise(→0060)　(3) reservation(→0154)

3 (1) remember／忘れる(→0029)　(2) lend／借りる(→0031)
(3) cheap／高価な(→0077)

単語編

よくでる重要単語 400

でる度 B よくでる重要単語

Section 5

見出し語番号 0401~0500

動 詞

0401

connect
[kənékt]

をつなぐ〈with, to ～と〉
connection 名 結合
► connect the East with the West
東洋を西洋とつなぐ

0402

suppose
[səpóuz]

(be supposed to *do* で) ～することになっている，と仮定する
► be supposed to meet him at the library
彼に図書館で会うことになっている

0403

fail
[feɪl]

に不合格になる (⇔ pass)，失敗する〈in ～に〉(⇔ succeed)
名 不合格，失敗　failure 名 失敗
► fail (in) an exam 試験に落ちる

0404

display
[dɪspléɪ]

を展示する，を示す [≒ show]
名 展示
► display goods in the window
ウィンドーに商品を展示する

0405

compete
[kəmpíːt]

競争する〈with, against ～と〉
competition 名 競争
► compete with each other
お互いに競い合う

0406

explore
[ɪksplɔ́ːr]

(を)探検する，(を)調査する
exploration 名 探検，調査
explorer 名 探検家
► explore a desert island 無人島を探検する

0407 ⚠ 発音

raise
[reɪz]

を調達する，を育てる，を上げる
► raise money to start a business
事業を始めるための資金を集める

0408 ⚠ アクセント

contact
[ká(ː)ntækt]

と連絡をとる，(と)接触する
名 連絡，接触
★他動詞なので contact with ～ としない
► contact you あなたと連絡をとる

0409

attend
[ətend]

(に)出席する，の世話をする
attendance 名 出席
attention 名 注意，配慮
► **attend a meeting** 会議に出席する

0410

remove
[rɪmúːv]

を取り除く，を移動させる
removal 名 除去
► **remove a cover** カバーを取り外す

0411

complete
[kəmplíːt]

を達成する，を完全なものにする
形 完全な，すべてがそろった
completely 副 完全に
► **complete the race** レースを完走する

0412

gain
[geɪn]

を得る(⇔ lose)，を増す
名 利益，増加
► **gain popularity** 人気を得る

0413 ⚠ アクセント

balance
[bǽləns]

(の)バランスをとる
名 バランス，均衡
balanced 形 釣り合いのとれた
► **balance work with play** 仕事と遊びのバランスをとる

0414 ⚠ 発音

decorate
[dékərèɪt]

を飾る〈with ～で〉
decoration 名 飾り，装飾
► **decorate a room with flowers**
部屋を花で飾る

0415

gather
[gǽðər]

集まる，を集める[≒ collect]
gathering 名 集まり
► **gather for a party** パーティーのために集まる

0416

bother
[bá(ː)ðər]

(人)に迷惑をかける，(人)を悩ます
► **I'm sorry to bother you.**
お邪魔してすみません。

0417

retire
[rɪtáɪər]

引退する〈from ～から〉
retirement 名 引退，退職
► **retire from work** 退職する

0418

hate
[heɪt]

をひどく嫌う，を憎む（⇔ love）
hatred 名 憎しみ，憎悪
► **hate scary movies** 怖い映画を嫌う

0419

hug
[hʌg]

（人など）を抱き締める
名 抱擁
► **hug a child hard** 強く子供を抱き締める

0420

support
[səpɔ́ːrt]

を支持する[≒ back up]，を支える
名 支持
► **support a local team**
地元のチームを支持する

0421 ⚠ 発音

touch
[tʌtʃ]

（に）触れる，を感動させる
名 触れること，触覚
► **Don't touch the pictures.**
絵に手を触れないでください。

0422

scare
[skeər]

（受身形で）恐れる〈of ～を，to *do* ～するのを，that …ということを〉，をおびえさせる[≒ frighten]
scary 形 恐ろしい　scared 形 おびえた
► **be scared of sharks** サメを恐れる

0423

hire
[háɪər]

を雇う（⇔ fire を解雇する）
► **hire him as a tutor** 彼を家庭教師として雇う

0424

expect
[ɪkspékt]

を予期する，を期待する〈to *do* ～すること〉
expectation 名 予期，期待
★目的語に*doing*はとらないので注意
► **than I (had) expected** 想像していたよりも

0425

publish
[pʌ́blɪʃ]

を出版する
publisher 名 出版社
► **publish a magazine** 雑誌を出版する

0426

attack
[ətǽk]

（を）攻撃する（⇔ defend）
名 攻撃，発作
► **attack an enemy** 敵を攻撃する

0427 ⚠ 発音

measure
[méʒər]

を測定する
名 寸法，（しばしば ～s）手段
▶ measure time correctly
時間を正確に測定する

0428

discuss
[dɪskʌ́s]

について議論［検討］する [≒ talk about]
discussion 名 議論
★他動詞なので後にaboutやonは不要
▶ discuss the matter その問題について議論する

名詞

0429

examination
[ɪgzæ̀mɪnéɪʃən]

試験 [= exam]
examine 動 を検査する
▶ study for entrance examinations
入学試験に向けて勉強をする

0430

research
[ríːsəːrtʃ]

調査，研究
動（を）研究［調査］する
researcher 名 研究員
▶ do careful research 注意深く調査する

0431

amount
[əmáʊnt]

量，（the ～）合計
▶ a large amount of money 大金

0432

announcement
[ənáʊnsmənt]

発表，アナウンス
announce 動 を発表する
▶ make an announcement
アナウンスする，発表する

0433

screen
[skriːn]

画面，スクリーン，仕切り
動 を遮蔽する
▶ a computer screen コンピュータの画面

0434 ⚠ アクセント

advice
[ədváɪs]

忠告，助言
advise 動 [ədváɪz]（に）忠告する
▶ take his advice 彼の忠告に従う

0434 名詞 advice は動詞 advise とつづりが似ているけど違う発音なんだ。

0435

distance
[dístəns]

距離〈from ～からの，to ～までの〉
distant 形 遠い
► the distance from here to Tokyo
ここから東京までの距離

0436

shopper
[ʃá(:)pər]

買い物客
► Welcome to our store, shoppers.
お買い物中の皆さま，私どもの店にようこそ。

0437

director
[dəréktər]

(映画などの)監督，管理者
direct 動 (を)指揮する
direct 形 直接の，まっすぐな
► an assistant director 助監督

0438 ⚠ 発音・アクセント

technique
[tekní:k]

技術，技法
technical 形 [téknɪkəl] 技術の
► learn a new technique 新しい技術を学ぶ

0439 ⚠ 発音・アクセント

average
[ǽvərɪdʒ]

平均
形 平均の
► the average for the class クラス平均

0440

gallery
[gǽləri]

美術館，画廊
► an art gallery 美術館

0441

convenience
[kənví:niəns]

便利(⇔ inconvenience)
convenient 形 便利な
► a convenience store コンビニエンスストア

0442

application
[æplɪkéɪʃən]

申し込み，適用
apply 動 申し込む，当てはまる
► fill out an application form
申し込み用紙に記入する

0443

state
[steɪt]

(ふつう S-)州，(しばしば S-)国家
動 をはっきり述べる
► the State of Massachusetts
マサチューセッツ州

0444 **amusement** [əmjúːzmənt]	娯楽，楽しみ amuse 動 (人)を楽しませる amusing 形 愉快な ▶ an amusement park 遊園地
0445 ⚠発音 **sight** [saɪt]	視力，見ること，光景 ▶ have good [poor] sight 視力が良い[悪い]
0446 **matter** [mǽt̬ər]	問題，(～s) 困難，物質 動 重要である ▶ a serious matter 重大な問題
0447 **sauce** [sɔːs]	ソース ★ source「源」と同音異義 ▶ put sauce on the steak ステーキにソースをかける
0448 **bottom** [bɑ́(ː)t̬əm]	(the ～) 底 (⇔ top)，(通例 the ～) 下部 ▶ the bottom of the sea 海底
0449 **corner** [kɔ́ːrnər]	角(かど)，隅 ▶ a shop at [on] the corner 角の店
0450 **principal** [prínsəpəl]	校長 形 主要な，第一の ▶ the principal's office 校長室
0451 **homestay** [hóʊmstèɪ]	ホームステイ ▶ go to Hawaii on a homestay ハワイへホームステイに行く
0452 **jellyfish** [dʒélifìʃ]	クラゲ ▶ the largest jellyfish in the world 世界で一番大きなクラゲ

0446 What's the matter (with you)? で「どうしたの？」という意味を表すよ。

0453

percent
[pərsént]

パーセント
► 30 percent of the citizens
市民の30パーセント

0454

lifestyle
[láɪfstàɪl]

ライフスタイル，（個人の）生き方
★ life style, life-styleともつづる
► enjoy a healthy lifestyle
健康なライフスタイルを楽しむ

0455 ⚠ 発音・アクセント

career
[kəríər]

職業，仕事 [≒ job]，キャリア
★ 特別な訓練を要し長期間従事する仕事
► think about *one's* future career
将来の職業について考える

0456

goal
[goʊl]

目標 [≒ purpose]，ゴール
► set a high goal 高い目標を設定する

0457

chef
[ʃef]

シェフ，料理人
► a French chef フランス料理のシェフ

0458

fashion
[fǽʃən]

ファッション，流行
fashionable 形 流行の
► a fashion magazine ファッション誌

0459 ⚠ 発音・アクセント

relative
[rélət̬ɪv]

親戚
形 相対的な (⇔ absolute)
► a blood relative 血縁

0460

credit
[krédət]

クレジット，信用
► pay by credit card
クレジットカードで支払う

0461 ⚠ アクセント

challenge
[tʃǽlɪndʒ]

（挑戦に値する）課題，難題，挑戦
動 に異議を唱える，（人）に挑戦する
challenging 形 やりがいのある
► face a challenge 課題に直面する

0462

luck
[lʌk]

幸運，運
lucky 形 幸運な
► **Good luck.** 幸運を祈ります。

0463

backyard
[bækjɑ́ːrd]

裏庭
► **plant a tree in the backyard**
裏庭に木を植える

0464

emergency
[ɪmə́ːrdʒənsi]

緊急事態
► **for an emergency** 緊急事態に備えて

0465

favor
[féɪvər]

親切な行為，好意
favorable 形 好意的な　favorite 形 お気に入りの
► **May I ask you a favor?**
お願いがあるのですが。

0466

Olympics
[əlímpɪks]

(the ~) 国際オリンピック大会 [= the Olympic Games]
★複数扱い
► **participate in the Olympics** オリンピックに参加する

0467 ⚠発音

fever
[fíːvər]

熱
► **have a slight fever** 少し熱がある

0468

campus
[kǽmpəs]

（大学・高校などの）キャンパス，構内
► **a campus tour** 大学見学ツアー

0469

photographer
[fətɑ́(ː)grəfər]

写真家，カメラマン
photograph 名 写真
► **a professional photographer**
プロの写真家

0470

bar
[bɑːr]

棒［板］状のもの，バー
► **a bar of soap** 石けん1つ

カタカナ語になっているものも多いけど，
意味や発音が少し違うことも多いから気をつけよう。

0471 ⚠発音

laundry
[lɔ́:ndri]

洗濯物，洗濯
► put the laundry into the washing machine 洗濯物を洗濯機に入れる

0472 ⚠アクセント

refrigerator
[rɪfrídʒərèɪṭər]

冷蔵庫
★口語でfridge
► keep fresh food in the refrigerator 新鮮な食料を冷蔵庫で保存する

形容詞

0473 ⚠アクセント

modern
[má(:)dərn]

現代の，近代の
► modern times 現代

0474

common
[ká(:)mən]

共通の，普通の
► a common language 共通語

0475 ⚠発音

extra
[ékstrə]

追加の，余分の
► an extra charge 追加料金

0476 ⚠発音

national
[næʃənəl]

全国的な (⇔ local)，国民の，国立の
nation 名 国家，(the ～) 国民
► a national contest 全国大会

0477

real
[rí:əl]

本当の，真の，実在する
realize 動 を実現する
reality 名 現実　really 副 本当に
► the real reason 本当の理由

0478 ⚠発音・アクセント

comfortable
[kʌ́mfərṭəbl]

快適な (⇔ uncomfortable)
comfort 名 快適さ
comfortably 副 快適に
► a comfortable seat 座り心地の良い座席

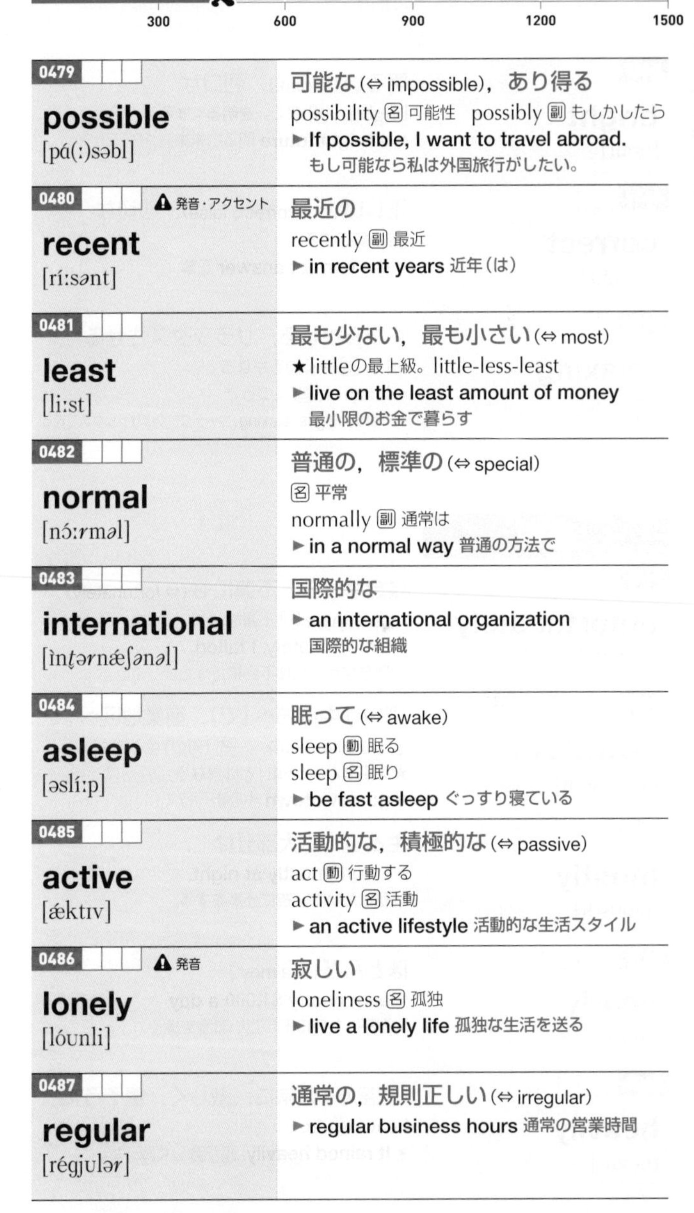

0479 □□□
possible
[pá(ː)səbl]
可能な(⇔ impossible)，あり得る
possibility 名 可能性　possibly 副 もしかしたら
► **If possible, I want to travel abroad.**
もし可能なら私は外国旅行がしたい。

0480 □□□ ⚠ 発音・アクセント
recent
[ríːsənt]
最近の
recently 副 最近
► **in recent years** 近年(は)

0481 □□□
least
[liːst]
最も少ない，最も小さい(⇔ most)
★littleの最上級。little-less-least
► **live on the least amount of money**
最小限のお金で暮らす

0482 □□□
normal
[nɔ́ːrməl]
普通の，標準の(⇔ special)
名 平常
normally 副 通常は
► **in a normal way** 普通の方法で

0483 □□□
international
[ìnṭərnǽʃənəl]
国際的な
► **an international organization**
国際的な組織

0484 □□□
asleep
[əslíːp]
眠って(⇔ awake)
sleep 動 眠る
sleep 名 眠り
► **be fast asleep** ぐっすり寝ている

0485 □□□
active
[ǽktɪv]
活動的な，積極的な(⇔ passive)
act 動 行動する
activity 名 活動
► **an active lifestyle** 活動的な生活スタイル

0486 □□□ ⚠ 発音
lonely
[lóʊnli]
寂しい
loneliness 名 孤独
► **live a lonely life** 孤独な生活を送る

0487 □□□
regular
[régjulər]
通常の，規則正しい(⇔ irregular)
► **regular business hours** 通常の営業時間

0484 asleep，**0684** awake など，動詞に a- がつくと形容詞化するよ。

0488 □□□

bright
[braɪt]

明るい(⇔ dark)，利口な
brighten 動 輝く，を明るくする
► **a bright future** 明るい未来

0489 □□□

correct
[kərékt]

正しい(⇔ incorrect, false)，適切な
動 を訂正する
► **the correct answer** 正解

0490 □□□

relaxing
[rɪlæksɪŋ]

くつろがせる，リラックスさせる
relax 動 をくつろがせる
relaxation 名 くつろぎ
► **Gardening is relaxing.** ガーデニングはリラックスできる。

副詞

0491 □□□

unfortunately
[ʌnfɔ́ːrtʃənətli]

残念ながら，不運にも(⇔ fortunately)
unfortunate 形 不運な
► **Unfortunately, I failed.**
残念ながら私は不合格だった。

0492 □□□

downtown
[dàuntáun]

(町の)中心部へ[で]，商業地区へ[で]
形 (町の)中心部の　名 (町の)中心部
★東京などの「下町」とは異なる
► **go downtown** 中心街へ行く

0493 □□□

mostly
[móustli]

主として，大部分は
► **I work mostly at night.**
私はたいてい夜に仕事をする。

0494 □□□

nearly
[níərli]

ほとんど[≒ almost]
► **earn nearly $1,000 a day**
1日に1,000ドル近いお金を稼ぐ

0495 □□□

heavily
[hévɪli]

(程度が)非常に，激しく，重そうに
heavy 形 重い
► **It rained heavily.** 雨が激しく降った。

0496

anytime
[énitàɪm]

いつでも，常に [= at any time]
► You can ask questions anytime.
いつでも質問してよい。

前置詞

0497 ⚠ 発音

except
[ɪksépt]

～を除いては [≒ other than]，～の他は
► Everyone except him was invited.
彼以外はみんな招待された。

0498

behind
[bɪháɪnd]

～の後ろに (⇔ in front of ～)
副 後ろに
► Please stay behind the line.
線の後ろに下がってください。

代名詞

0499

neither
[níːðər]

どちらも～ない
形 どちらの～も…ない　副 ～も…ない
► Neither of them agreed.
2人とも賛成しなかった。

0500 ⚠ 発音

none
[nʌn]

1つも [誰も] ～ない
► None of us knew him.
私たちは誰も彼を知らなかった。

0489 correct には「正しい」と「を訂正する」の 2 つの意味があるよ。

でる度 B よくでる重要単語

Section 6

見出し語番号 0501~0600

動詞

0501

lay
[leɪ]

を横たえる，を敷く
★lay-laid-laid
▶ **lay the patient down on the bed**
患者をベッドに横たえる

0502

block
[blɑ(:)k]

を邪魔する，をふさぐ
名 大きな塊，街区
▶ **block the light** 光をさえぎる

0503

hunt
[hʌnt]

探し求める〈for ～を〉，(を)狩る
名 狩り
hunter 名 猟師　hunting 名 狩猟
▶ **hunt for jobs** 仕事を探す

0504

grill
[grɪl]

(肉・魚など)を焼き網で焼く
grilled 形 焼いた，あぶった
▶ **grill a steak** ステーキを焼く

0505

count
[kaʊnt]

(を)数える
名 数えること，総計
▶ **count the change** 釣り銭を数える

0506 ⚠発音

guard
[gɑːrd]

を守る，を監視する
名 警備員，護衛者
▶ **guard the border** 国境を守る

0507

lift
[lɪft]

を持ち上げる (⇔ lower)
▶ **lift a heavy box** 重い箱を持ち上げる

0508

hit
[hɪt]

を打つ，にぶつかる
★hit-hit-hit
名 打撃
▶ **hit a home run** ホームランを打つ

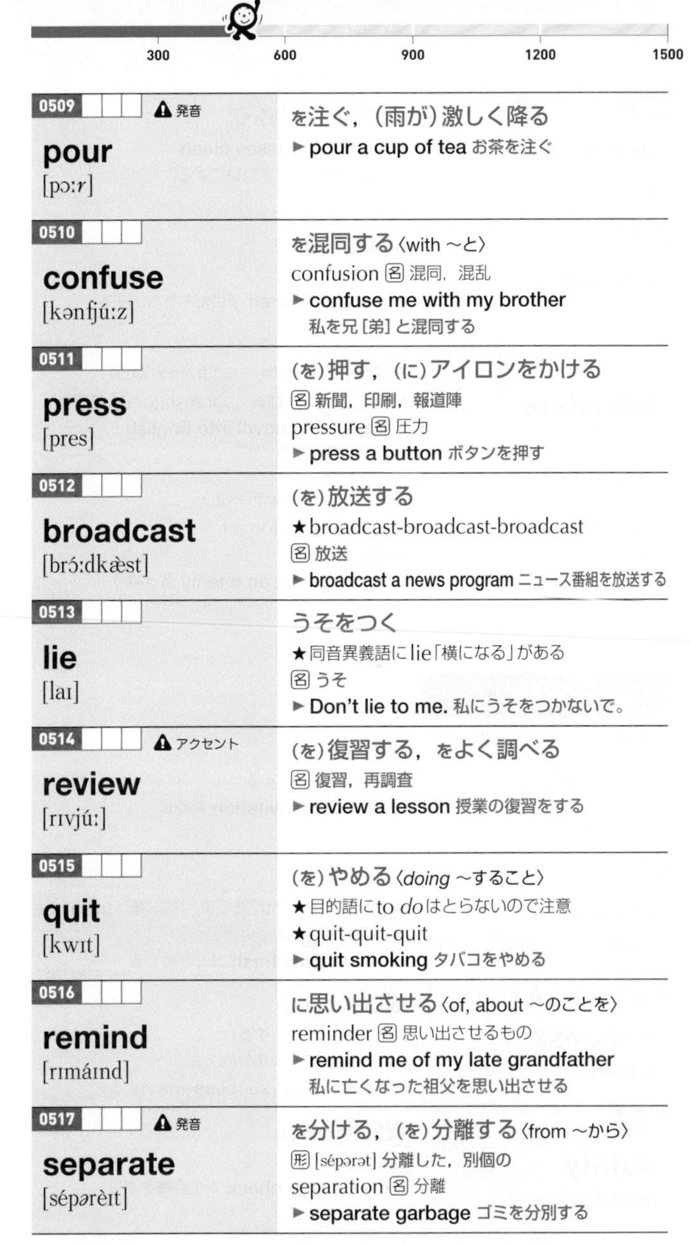

0509 ⚠ 発音

pour
[pɔːr]

を注ぐ，(雨が)激しく降る

▶ **pour a cup of tea** お茶を注ぐ

0510

confuse
[kənfjúːz]

を混同する〈with ～と〉

confusion 名 混同，混乱

▶ **confuse me with my brother**
私を兄［弟］と混同する

0511

press
[pres]

(を)押す，(に)アイロンをかける

名 新聞，印刷，報道陣

pressure 名 圧力

▶ **press a button** ボタンを押す

0512

broadcast
[brɔ́ːdkæ̀st]

(を)放送する

★broadcast-broadcast-broadcast

名 放送

▶ **broadcast a news program** ニュース番組を放送する

0513

lie
[laɪ]

うそをつく

★同音異義語にlie「横になる」がある

名 うそ

▶ **Don't lie to me.** 私にうそをつかないで。

0514 ⚠ アクセント

review
[rɪvjúː]

(を)復習する，をよく調べる

名 復習，再調査

▶ **review a lesson** 授業の復習をする

0515

quit
[kwɪt]

(を)やめる〈*doing* ～すること〉

★目的語にto *do*はとらないので注意

★quit-quit-quit

▶ **quit smoking** タバコをやめる

0516

remind
[rɪmáɪnd]

に思い出させる〈of, about ～のことを〉

reminder 名 思い出させるもの

▶ **remind me of my late grandfather**
私に亡くなった祖父を思い出させる

0517 ⚠ 発音

separate
[sépərèɪt]

を分ける，(を)分離する〈from ～から〉

形 [sépərət] 分離した，別個の

separation 名 分離

▶ **separate garbage** ゴミを分別する

不規則動詞の変化形はしっかり覚えておこうね。

0518

wipe
[waɪp]

を(布などで)ふく

► **wipe the glasses clean**
メガネをふいてきれいにする

0519

rescue
[réskjuː]

を救助する

名 救助

► **rescue children** 子供たちを救出する

0520

translate
[trǽnsleɪt]

を翻訳する〈into ～に，from ～から〉

translation 名 翻訳　translator 名 翻訳家

► **translate a novel into English**
小説を英訳する

0521

fight
[faɪt]

戦う〈against, with ～と〉

★fight-fought-fought

名 戦い，けんか

► **fight against an enemy** 敵と戦う

名詞

0522

invitation
[ìnvɪtéɪʃən]

招待〈to ～への〉

invite 動 を招待する

► **a letter of invitation** 招待状

0523

trash
[træʃ]

ゴミ，くず

★アメリカ英語では「紙くず，容器」類はtrash，「生ゴミ」類はgarbageと言う

► **throw away trash** ゴミを捨てる

0524 アクセント

success
[səksés]

成功(⇔ failure)

succeed 動 成功する

successful 形 成功した

► **have a great success** 大成功する

0525

safety
[séɪfti]

安全(⇔ danger)

safe 形 安全な

► **do a safety check** 安全点検をする

0526 ⚠ アクセント

tradition
[trədíʃən]

伝統
traditional 形 伝統的な
► hand down traditions from generation to generation 世代から世代へと伝統を引き継ぐ

0527 ⚠ 発音

tournament
[túərnəmənt]

トーナメント，勝ち抜き試合
► hold a tennis tournament
テニストーナメントを開催する

0528

spot
[spɑ(:)t]

小さな点，斑点，場所
動 を見つける，に斑点をつける
► red spots on the cheek 頬の赤い点

0529

title
[táɪtl]

題名
► the title of the song その曲のタイトル

0530

science fiction
[sàɪəns fíkʃən]

SF，空想科学小説
► a science fiction movie SF映画

0531

weekday
[wí:kdèɪ]

平日
★日曜（・土曜）以外の日で，「週末」はweekend
► on weekdays 平日に

0532

spider
[spáɪdər]

クモ
► be scared of spiders クモを怖がる

0533 ⚠ 発音

sausage
[sɔ́(:)sɪdʒ]

ソーセージ
► spicy sausages スパイスのきいたソーセージ

0534

seafood
[sí:fù:d]

シーフード
► a seafood restaurant シーフードレストラン

0523「ゴミ」は，イギリス英語だと rubbish と言うんだって。

0535

boyfriend
[bɔ́ɪfrènd]

男性の恋人

★主に恋愛関係としての男性を指す

► **She introduced her boyfriend to her family.** 彼女は家族に恋人を紹介した。

0536

diver
[dáɪvər]

ダイバー，潜水士

dive 動 潜水する，飛び込む

► **take a lot of pictures of famous divers**
有名なダイバーたちの写真をたくさん撮る

0537

trick
[trɪk]

手品，いたずら，策略

動（を）だます

► **perform a new magic trick**
新しい手品を演じる

0538

memory
[méməri]

思い出，記憶力

memorize 動 を記憶する

► **memories of *one's* childhood**
子供のころの思い出

0539

article
[ɑ́ːrṭɪkl]

記事

► **a newspaper article** 新聞記事

0540 ⚠アクセント

membership
[mémbərʃɪp]

会員であること，会員の地位［資格］

member 名 会員，メンバー

► **cancel *one's* membership at the club**
そのクラブの会員をやめる

0541

factory
[fǽktəri]

工場

► **work in a chocolate factory**
チョコレート工場で働く

0542

coupon
[kjúːpɑ(ː)n]

割引券，クーポン

► **a discount coupon for coffee**
コーヒーの割引券

0543 ⚠発音

coach
[koutʃ]

コーチ

動 をコーチする

► **my tennis coach** 私のテニスコーチ

0544

battery
[bǽṭəri]

電池，バッテリー
► buy a new battery 新しい電池を買う

0545 ⚠アクセント

interest
[ínṭərəst]

興味
動 に興味を持たせる　interesting 形 興味深い
► have a great interest in science
科学に大変な興味を持つ

0546 ⚠発音

knee
[niː]

膝
kneel 動 ひざまずく
► My knee has been hurting lately.
最近膝が痛いんです。

0547 ⚠アクセント

character
[kǽrəktər]

登場人物，特徴，性格
characterize 動 を特徴づける
characteristic 形 特有の
► the main character 主人公

0548

detail
[díːteɪl]

(~s)詳細，細部
動 を詳述する
► details of the meeting 会議の詳細

0549 ⚠アクセント

effort
[éfərt]

努力，苦労
► take a lot of time and effort
多くの時間と努力を要する

0550

climate
[kláɪmət]

気候
★一定の土地の平均的気候を表し，特定の日の天候はweatherを用いる
► a mild climate 温暖な気候

0551

middle
[mídl]

(通例 the ~)真ん中
► in the middle of the night 真夜中に

0552 ⚠発音

purpose
[pə́ːrpəs]

目的
► for the purpose of sightseeing
観光が目的で

0553

danger
[déɪndʒər]

危険（⇔ safety）
dangerous 形 危険な
endanger 動 を危険にさらす
► be in danger 危険な状態である

0554 ⚠発音・アクセント

knowledge
[ná(:)lɪdʒ]

知識
know 動 （を）知っている
► have enough knowledge about music
音楽について十分な知識を持っている

0555

brand
[brænd]

ブランド，銘柄
► build a new brand 新しいブランドを築く

0556

importance
[ɪmpɔ́:rtəns]

重要性
important 形 重要な
► the importance of health 健康の重要性

0557

instruction
[ɪnstrʌ́kʃən]

（通例 ～s）指示，訓練
instruct 動 に指示する，に教える
instructor 名 指導員
► give instructions 指示を出す

0558

network
[nétwə̀:rk]

網状組織，ネットワーク
► an information network 情報網

0559

championship
[tʃǽmpjənʃìp]

選手権，選手権大会
champion 名 優勝者，チャンピオン
► the world championship 世界選手権

0560 ⚠発音

closet
[klá(:)zət]

クローゼット，物置
► hang *one's* jackets in the closet
クローゼットに上着を掛ける

0561

audience
[ɔ́:diəns]

（集合的に）観衆，聴衆
► There was a large audience at the concert. コンサートには大勢の観衆がいた。

0562 □□□

cash
[kæʃ]

現金
cashless 形 現金不要の
► **pay (in [by]) cash** 現金で払う

0563 □□□ ⚠ アクセント

photography
[fətá(:)grəfi]

写真撮影，写真術
photograph 名 写真　photographer 名 写真家
► **My hobby is photography.**
私の趣味は写真撮影だ。

0564 □□□

headphone
[hédfòun]

ヘッドホン
► **Please use headphones while listening to music.** 音楽を聞く際にはヘッドホンの使用をお願いします。

0565 □□□

journey
[dʒə́:rni]

旅行 [≒ travel]
★journeyは主に陸路での長距離旅行に用い，海路での旅行にはvoyageを用いる
► **take a long journey** 長旅に出かける

0566 □□□

debate
[dɪbéɪt]

討論〈on, about, over ～についての〉
動 討論する
► **a heated debate on the issue**
その問題についての白熱した討論

0567 □□□

heater
[hí:ṭər]

暖房装置，加熱器
heat 動 を熱する
► **a gas heater** ガスストーブ

0568 □□□

dentist
[dénṭəst]

歯科医
dental 形 歯の
► **go to the dentist('s)** 歯医者に行く

0569 □□□ ⚠ アクセント

platform
[plǽtfɔ̀:rm]

プラットホーム，演壇
► **leave from Platform 3** 3番線から発車する

0570 □□□ ⚠ 発音

flour
[fláuər]

小麦粉
► **different types of flour**
さまざまなタイプの小麦粉

0570 flour「小麦粉」は flower「花」と同じ発音だよ。

0571 ⚠ 発音

hero
[híːroʊ]

英雄，（男性の）主人公（⇔ heroine）

► **admire a hero** 英雄にあこがれる

0572

lobster
[lɑ́(ː)bstər]

ロブスター

► **eat lobster** ロブスターを食べる

0573

makeup
[méɪkʌ̀p]

化粧

★make upで「化粧する」

► **wear less makeup** 化粧を控えめにする

0574

nut
[nʌt]

木の実，ナッツ

► **gather nuts** 木の実を拾う

0575

path
[pæθ]

小道，進路

► **follow a narrow path** 狭い小道をたどる

形容詞

0576

several
[sévrəl]

いくつかの

代 いくつか

► **several people** 数人の人々

0577

valuable
[vǽljuəbl]

貴重な，高価な

名（～s）高価なもの

value 名 価値，価格

► **valuable information** 貴重な情報

0578

scared
[skeərd]

おびえた，怖がっている

scare 動 をおびえさせる

scary 形 恐ろしい

► **scared children** おびえた子供たち

0579 ⚠ 発音
ancient
[éɪnʃənt]

古代の
► **an ancient civilization** 古代文明

0580 ⚠ アクセント
electronic
[ɪlèktrɑ́(ː)nɪk]

電子の
electronics 名 電子工学
► **an electronic dictionary** 電子辞書

0581
elderly
[éldərli]

年輩の，初老の
► **be kind to elderly people**
お年寄りに親切にする

0582
certain
[sə́ːrtən]

(はっきりと言わずに)ある，確信して〈of, about ～を〉
certainty 名 確実性　certainly 副 確かに
► **a certain group** あるグループ

0583
harmful
[hɑ́ːrmfəl]

有害な (⇔ harmless)
harm 動 を傷つける
harm 名 害
► **harmful insects** 害虫

0584
electric
[ɪléktrɪk]

電気を使う，電気の
electricity 名 [ɪlèktrísəṭi] 電気
► **an electric car** 電気自動車

0585 ⚠ 発音・アクセント
female
[fíːmeɪl]

女性の，雌の (⇔ male)
名 女性，雌
► **a female student** 女子学生

0586
daily
[déɪli]

日常の，毎日の
副 毎日，日ごとに
★weeklyは「毎週の」，monthlyは「毎月の」
► **my daily life** 私の日常生活

0587
cute
[kjuːt]

かわいい
► **a cute baby** かわいい赤ちゃん

0588

helpful
[hélpfəl]

助けになる，有用な〈to ～に〉
▶ He is always helpful to me.
彼はいつも私にとって助けになる。

0589 ⚠ 発音・アクセント

private
[práɪvət]

個人的な［≒ personal］，私立の（⇔ public）
privacy 名 プライバシー
▶ a private lesson 個人レッスン

0590

basic
[béɪsɪk]

基本的な
名（～s）基本的なもの
basically 副 基本的には
▶ basic human rights 基本的人権

0591

Atlantic
[ətlǽnt̬ɪk]

大西洋（上）の
名（the ～）大西洋
▶ the Atlantic Ocean 大西洋

0592

male
[meɪl]

男性の，雄の（⇔ female）
名 男性，雄
▶ a male student 男子学生

0593

advanced
[ədvǽnst]

（学問などが）上級の，進歩した
advance 動 を進める，進む
▶ advanced English class 英語の上級クラス

0594

additional
[ədíʃənəl]

追加の
▶ additional information 追加の情報

副詞

0595

especially
[ɪspéʃəli]

特に［≒ particularly］
▶ be crowded especially in summer
特に夏は混雑する

0596

nicely
[náɪsli]

立派に，上手に，うまく
nice 形 良い，素晴らしい
► **dress nicely** 立派な［はなやかな］服装をする

0597

indoors
[ìndɔ́ːrz]

屋内で［に］（⇔ outdoors）
indoor 形 屋内の
► **stay indoors** 屋内にいる

0598

afterward
[ǽftərwərd]

後で［≒ later］
► **tell him the truth afterward**
後で彼に真実を告げる

0599

deeply
[díːpli]

深く，非常に
deep 形 深い
► **be deeply moved** 深く感動する

接続詞

0600 アクセント

whenever
[hwenévər]

…するときはいつでも，いつ…しようとも［≒ no matter when］
► **whenever you need some help**
あなたが助けが必要なときにはいつでも

0598 afterward は，主にイギリス英語で afterwards と -s をつけることがあるよ。

でる度 B よくでる重要単語

Section 7

見出し語番号 0601~0700

動詞

0601 ⚠発音

control [kəntróul]

を管理する，を支配する，を制御する
名 管理，支配，制御
► control the quality 品質を管理する

0602

belong [bɪlɔ́(:)ŋ]

所属する，属する〈to ～に〉
belonging 名（～s）持ち物
★進行形・命令文では用いられない
► belong to the tennis club テニス部に所属している

0603 ⚠アクセント

destroy [dɪstrɔ́ɪ]

を破壊する（⇔ construct）
destruction 名 破壊　destructive 形 破壊的な
► destroy a building completely
ビルを完全に破壊する

0604

accept [əksépt]

を受け入れる（⇔ reject），を受け取る
acceptance 名 受諾
► accept an offer 申し出を受け入れる

0605

disappoint [dìsəpɔ́ɪnt]

（受身形で）失望する〈with, at, about, in ～に〉，を失望させる
disappointment 名 失望
► be disappointed with the result その結果に失望する

0606

greet [gri:t]

にあいさつする
greeting 名 あいさつ
► We greeted each other.
私たちはお互いにあいさつした。

0607

disturb [dɪstə́:rb]

（を）邪魔する，（を）妨害する
disturbance 名 邪魔，騒動
► Sorry to disturb you.
お邪魔してすみません。

0608 ⚠発音

advise [ədváɪz]

（に）忠告する〈to *do* ～するように〉
advice 名 忠告　adviser 名 助言者
► advise him to get up early
彼に早起きするよう忠告する

0609 ⚠ 発音

breathe
[briːð]

呼吸する
breath 名 [breθ] 息，呼吸
► breathe in deeply 深く息を吸う

0610

combine
[kəmbáɪn]

を結びつける〈with ～と〉
combination 名 結合
► combine theory with practice
理論を実践と結びつける

0611

crash
[kræʃ]

衝突する〈into, against ～に〉
名 衝突
► crash into a truck トラックに衝突する

0612

earn
[əːrn]

（金銭など）を稼ぐ，（名声など）を得る
earnings 名 所得
► earn money お金を稼ぐ

0613

hang
[hæŋ]

をつるす，を掛ける
★hang-hung-hung
► hang a lamp above the table
テーブルの上にランプをつるす

0614

cheer
[tʃɪər]

（に）歓声を上げる，を励ます
名 声援
► The audience cheered.
観客が歓声を上げた。

0615

escape
[ɪskéɪp]

逃げる〈from, out of ～から〉
名 逃亡
► escape from school 学校から抜け出す

0616

waste
[weɪst]

を浪費する〈*doing* ～して，on ～に〉
名 (a ～) 無駄，浪費，(しばしば ～s) 廃棄物
► waste time doing nothing
何もしないで時間を無駄にする

0617

lead
[liːd]

を導く〈to ～に〉，（必然的に）つながる〈to ～に〉
★lead-led-led
名 (the ～) 先頭，（形容詞的に）主役の
► lead a team to victory チームを勝利へ導く

Section 7，スタート！

0618

replace
[rɪpléɪs]

を取り換える〈with ～と〉

replacement 名 取り換え

► replace an old cover with a new one
古いカバーを新しいものと交換する

0619

require
[rɪkwáɪər]

を必要とする

request 名 要望

requirement 名 必要条件，必需品

► require time and money 時間とお金を必要とする

0620 ⚠アクセント

invent
[ɪnvént]

を発明する

invention 名 発明　inventor 名 発明家

► invent a new machine
新しい機械を発明する

0621

organize
[ɔ́ːrgənàɪz]

を主催する，を組織する

organization 名 組織

► organize a meeting 会議を主催する

0622

pack
[pæk]

を詰め込む〈into, in ～に〉，(を)荷造りする

名 包み

► pack my clothes into this bag
私の衣類をこのカバンに詰め込む

0623 ⚠アクセント

upset
[ʌ̀psét]

(受身形で)動揺する〈about, by ～に[で]〉，を動転させる

★upset-upset-upset

► be upset about the result その結果に動揺する

0624

respect
[rɪspékt]

を尊敬する [≒ look up to]，を尊重する

名 尊敬，尊重

► respect him deeply 彼を深く尊敬する

0625

select
[səlékt]

を選ぶ [≒ choose]

形 選ばれた

selection 名 選択

► select the best player 最優秀選手を選ぶ

名詞

0626 □□□

phrase
[freɪz]

句，成句

► basic English words and phrases
基本的な英語の単語とフレーズ

0627 □□□

sense
[sens]

感覚，意味

動 に気づく，を感知する

► a sense of humor ユーモア感覚

0628 □□□ ⚠ 発音

stair
[steər]

(通例 ～s) 階段

► go up [down] the stairs
階段を上る [下りる]

0629 □□□

scarf
[skɑːrf]

スカーフ，マフラー [= muffler]

► my scarf and gloves 私のスカーフと手袋

0630 □□□

risk
[rɪsk]

危険，恐れ

risky 形 危険な

► Pandas are now at risk.
パンダは今危険にさらされている。

0631 □□□

teenager
[tíːnèɪdʒər]

ティーンエイジャー

★ 13歳から19歳までの若者を指す

► an event for teenagers
ティーンエイジャー向けのイベント

0632 □□□ ⚠ 発音

strength
[streŋkθ]

強さ，力，長所

strengthen 動 を強くする

strong 形 強い

► mental strength 精神的な強さ

0633 □□□ ⚠ アクセント

semester
[səméstər]

学期

★ 特に米国大学で年2学期制のものを言う

► the fall semester and the spring semester 秋学期と春学期

0631 teenager は -teen のつく数字の年齢の人のことだよ。

0634 **teamwork** [tíːmwə̀ːrk]	チームワーク，協力 ► **the importance of teamwork** チームワークの重要性
0635 **secret** [síːkrət]	秘密，(通例 the ～) 秘訣(けつ) 形 秘密の　secretly 副 ひそかに ► **Let's keep it a secret.** それを秘密にしておこう。
0636 **sunshine** [sʌ́nʃàɪn]	日光，日の当たる場所 ► **My room gets lots of sunshine.** 私の部屋は日当たりがいい。
0637 **silence** [sáɪləns]	静寂，沈黙 動 を黙らせる silent 形 静かな ► **break [keep] the silence** 静寂を破る［守る］
0638 **value** [væljuː]	価値 valuable 形 高価な，貴重な ► **cultural values** 文化的価値
0639 ⚠ アクセント **employee** [ɪmplɔ́ɪiː]	従業員 employ 動 を雇う ★「雇い主」はemployer ► **fire an employee** 従業員を解雇する
0640 ⚠ 発音 **expert** [ékspəːrt]	専門家 形 熟練した〈at, in ～に〉 ► **according to experts** 専門家によると
0641 ⚠ 発音・アクセント **energy** [énərdʒi]	エネルギー，精力 energetic 形 精力的な ► **the energy problem** エネルギー問題
0642 **adult** [ədʌ́lt]	大人 (⇔ child) 形 大人の ► **both adults and children** 大人も子供も

0643 ⚠ 発音
author
[ɔ́:θər]
作家，著者
► my favorite author 私の好きな作家

0644
athlete
[ǽθlì:t]
運動選手
athletic 形 運動競技の
► an Olympic athlete オリンピック選手

0645
Egypt
[í:dʒɪpt]
エジプト
► travel to Egypt エジプトへ旅行に行く

0646
boss
[bɔ(:)s]
上司，ボス
► my former boss 私の以前の上司

0647
equipment
[ɪkwípmənt]
（集合的に）用具，設備，装置
► fishing equipment 釣り道具

0648 ⚠ 発音・アクセント
advantage
[ədvǽntɪdʒ]
有利な点（⇔ disadvantage），利益
advantageous 形 [æ̀dvəntéɪdʒəs] 有利な，好都合な
► one advantage of dogs over cats
猫よりも犬が良い点の1つ

0649
airline
[éərlàɪn]
航空会社
► fly with the airline その航空会社を利用する

0650
engine
[éndʒɪn]
エンジン
► a car engine 車のエンジン

0651
ability
[əbíləti]
能力
able 形（be able to *do* で）～することができる，～する能力がある
► an ability to speak English 英語を話す能力

0639 employee は [ìmplɔɪí:] というアクセントになることも多いよ。

0652 □□□ ⚠発音

aisle

[aɪl]

通路

► go to Aisle 7　7番通路に行く

0653 □□□

entrance

[éntrəns]

入り口(⇔exit)，入学

enter 動 (に)入る

► the main entrance 正面入り口

0654 □□□

conversation

[kà(:)nvərséɪʃən]

会話，話すこと

► a telephone conversation 電話での会話

0655 □□□

custom

[kʌ́stəm]

(社会的な)慣習，(個人の)習慣

customary 形 習慣的な

★「(無意識で行っている個人的な)習慣，癖」はhabit

► a traditional custom 伝統的な慣習

0656 □□□

button

[bʌ́tən]

ボタン

★装置などのボタン，衣服のボタンのいずれも指す

► push [press] a button ボタンを押す

0657 □□□

choice

[tʃɔɪs]

(a ～)選択権，選択

choose 動 (を)選ぶ

► have no choice but to study

勉強する以外に選択の道がない

0658 □□□

counter

[káunṭər]

カウンター

► a kitchen counter

キッチンカウンター，調理台

0659 □□□

discussion

[dɪskʌ́ʃən]

討論，話し合い

discuss 動 について議論する

► an online discussion オンラインの討論

0660 □□□

adventure

[ədvéntʃər]

冒険

► an exciting adventure

わくわくするような冒険

0661

anniversary
[ænɪvə́ːrsəri]

（毎年巡ってくる）記念日
▶ our fifth wedding anniversary
私たちの5回目の結婚記念日

0662

avenue
[ǽvənjùː]

大通り [= Ave.]
▶ a store on the main avenue
目抜き通りに面した店

0663

explorer
[ɪksplɔ́ːrər]

探検家
explore 動 (を)探検する　exploration 名 探検
▶ be famous as an explorer
探検家として有名である

0664 ⚠ アクセント

essay
[éseɪ]

（学生の課される）レポート，作文
essayist 名 随筆家
▶ write an essay on the same topic
同じトピックでレポートを書く

0665

fitness
[fítnəs]

フィットネス，健康
▶ join a fitness club
フィットネスクラブに入る

0666

aquarium
[əkwéəriəm]

水族館，水槽
▶ visit an aquarium 水族館へ行く

0667 ⚠ 発音

headache
[hédèɪk]

頭痛
★head「頭」+ ache「痛み」
▶ have a bad [slight] headache
ひどい［軽い］頭痛がする

0668 ⚠ 発音

channel
[tʃǽnəl]

（テレビの）チャンネル，海峡
▶ What's on Channel 5?
5チャンネルで何をやっているの？

0669 ⚠ アクセント

harvest
[háːrvɪst]

（作物の）収穫
動 (作物)を収穫する
▶ celebrate a good harvest 豊作を祝う

0663 explorer の -er は「～する人」という意味なんだ。

0670

bonus
[bóʊnəs]

ボーナス，特別手当
★通常の給与に加えて臨時に支払われる報酬
► **get a large bonus**
たくさんのボーナスをもらう

0671

electronics
[ɪlèktrá(:)nɪks]

電子工学，電子産業
electronic 形 電子の
► **an electronics store** 電器店

0672

file
[faɪl]

ファイル，書類ケース
► **look for some files on the computer**
コンピュータ上のファイルを探す

0673

herb
[əːrb]

ハーブ，香草，薬草
herbal 形 薬草の
► **lots of herbs and spices**
たくさんのハーブとスパイス

形容詞

0674

serious
[síəriəs]

重大な，真剣な
seriously 副 重大に，真剣に
► **a serious illness** 重病

0675

wealthy
[wélθi]

裕福な，豊富な [≒ rich]
wealth 名 富
► **wealthy people** 裕福な人々

0676

terrible
[térəbl]

ひどく悪い (⇔ wonderful)，恐ろしい
terribly 副 非常に，ひどく
► **terrible pain** ひどい苦痛

0677

quiet
[kwáɪət]

静かな (⇔ noisy)
quietly 副 静かに
★quite「とても」との混同に注意
► **Be quiet!** 静かに！

0678 □□□

round
[raʊnd]

丸い
► a round shape 丸い形

0679 □□□

crowded
[kráʊdɪd]

混雑した
crowd 名 (集合的に)群衆
► a crowded train 混雑した電車

0680 □□□

amazing
[əméɪzɪŋ]

驚くべき，びっくりするほど良い
amaze 動 を驚かせる
► an amazing talent 驚くような才能

0681 □□□ ⚠発音

double
[dʌ́bl]

2人用の，2倍の
動 を2倍にする
名 2倍
► a double room (ホテルの)ダブルルーム

0682 □□□

dental
[dénṭəl]

歯の，歯科の
dentist 名 歯科医
► a dental clinic 歯科クリニック

0683 □□□

classical
[klǽsɪkəl]

クラシックの，古典の
► a classical music concert
クラシック音楽のコンサート

0684 □□□

awake
[əwéɪk]

目を覚まして(⇔ asleep)
動 目覚める，を起こす
► Are you awake? 起きていますか。

0685 □□□ ⚠発音・アクセント

equal
[íːkwəl]

平等な，等しい(⇔ unequal)
動 に等しい　名 同等の人[物]
equality 名 平等　equally 副 平等に，同程度に
► equal rights 平等な権利

0686 □□□

alive
[əláɪv]

生きている(⇔ dead)
★限定用法ではliving(人・動物)，live [laɪv] (人以外)を用いる
► Is he still alive? 彼はまだ存命ですか。

0678 round は形容詞で「丸い」，
around は前置詞で「～の周りに」という意味だよ。

0687 ⚠ 発音

audio
[ɔ́ːdiòʊ]

音声の (⇔ video 映像の)
▶ listen to an audio guide 音声ガイドを聞く

0688

brand-new
[brǽndnjúː]

真新しい，新品の
▶ a brand-new house 真新しい家

0689

Christian
[krístʃən]

キリスト教の
名 キリスト教徒
Christianity 名 キリスト教
▶ a Christian holiday キリスト教の休日

0690

giant
[dʒáɪənt]

巨大な (⇔ tiny)
名 巨人
▶ a giant tree 巨大な木

副詞

0691 ⚠ アクセント

rather
[rǽðər]

かなり，むしろ
▶ This problem is rather difficult.
この問題はかなり難しい。

0692

twice
[twaɪs]

2回，2度
▶ twice a week 週に2回

0693 ⚠ 発音

quite
[kwaɪt]

とても，かなり，全く
★quiet「静かな」との混同に注意
▶ He owns quite a big house.
彼はとても大きな家を所有している。

0694 ⚠ アクセント

sometime
[sʌ́mtàɪm]

(未来の) いつか，(過去の) あるとき
★sometimes「時々」との混同に注意
▶ sometime in the future 将来のいつか

0695

ahead
[əhéd]

前方に［へ］［≒ in front］，前もって［≒ in advance］

► walk ahead of me 私の前方を歩く

0696

completely
[kəmplíːtli]

完全に

complete 形 完全な

► be completely destroyed
完全に破壊される

0697

exactly
[ɪgzǽktli]

正確に，まさに

exact 形 正確な

► exactly at three きっかり3時に

0698

forever
[fərévər]

永久に

► live forever 永遠に生きる

代名詞

0699 ⚠ アクセント

whatever
[hwʌt̬évər]

～するものは何でも，たとえ何を～しても，たとえ何が～であろうと

► whatever you want to buy
君が買いたいものは何でも

0700 ⚠ 発音

whoever
[huévər]

～する人は誰でも，誰が～でも

► whoever comes to my birthday party
私の誕生会に来る人は誰でも

応答としての **0697** Exactly! は「その通り！」という意味だよ。

Section 8

動詞

0701 **trust** [trʌst]	を信用［信頼］する 名 信頼，信用 ▶ You can trust me. 私を信用してください。
0702 ⚠発音 **warn** [wɔːrn]	に警告する〈of ～を〉 warning 名 警告 ▶ warn her of the danger 彼女に危険を警告する
0703 ⚠発音 **weigh** [weɪ]	の重さがある，の重さを量る weight 名 重さ ▶ weigh 50 kilograms 50キロの重さがある
0704 ⚠発音 **judge** [dʒʌdʒ]	を判断する，裁く 名 審査員，裁判官 judgment 名 判断 ▶ judge a market 市場（の動向）を判断する
0705 **ring** [rɪŋ]	鳴る，を鳴らす ★ring-rang-rung ▶ The bell is ringing. 鐘が鳴っている。
0706 ⚠アクセント **memorize** [méməràɪz]	を暗記する，を記憶する［≒ learn ～ by heart］ memory 名 記憶 ▶ memorize a poem 詩を暗記する
0707 ⚠アクセント **reply** [rɪpláɪ]	返事をする，答える〈to ～に〉 名 返事，答え ▶ reply to his letter 彼の手紙に返事を書く
0708 **sail** [seɪl]	航海する 名 帆，帆船 ▶ sail from here to Kobe ここから神戸まで航海する

0709

wave
[weɪv]

手を振る〈to, at ～に，for ～を求めて〉，(旗など)を振る
名 波
► wave to [at] his fans 彼のファンに手を振る

0710

imagine
[ɪmǽdʒɪn]

(を)想像する
imagination 名 想像(力)
► imagine space travel 宇宙旅行を想像する

0711

shoot
[ʃuːt]

(を)撃つ，(を)シュートする
★shoot-shot-shot
shot 名 発砲
► He shot her and ran away. 彼は彼女を撃って逃げた。

0712

skip
[skɪp]

(を)抜かす，跳ねる
名 スキップ
► skip breakfast 朝食を抜く

0713

spell
[spel]

(を)つづる
spelling 名 (字を正しく)つづること，スペル
► How do you spell your name?
あなたの名前はどのようにつづるのですか。

0714

swing
[swɪŋ]

を揺らす，揺れる
★swing-swung-swung　名 揺れ，ブランコ
► swing *one's* arms back and forth
腕を前後に揺らす

0715 発音

wrap
[ræp]

を包む，を巻きつける
名 (食品用の)ラップ
► wrap a present プレゼントを包装する

0716 アクセント

ignore
[ɪgnɔ́ːr]

を無視する
ignorant 形 [ígnərənt] 無知な
ignorance 名 無知(であること)
► ignore me completely 私を完全に無視する

0717 発音

paste
[peɪst]

(を)貼りつける
名 のり，練り物
► copy and paste text
テキストをコピーしてペーストする

0718 ☐☐☐ ⚠発音

knock
[nɑ(:)k]

ノックする，(こぶしなどで)たたく，をぶつける〈on, against ～に〉

► **knock on a door** ドアをノックする

0719 ☐☐☐

encourage
[ɪnkə́:rɪdʒ]

を励ます〈to *do* ～するように〉(⇔ discourage)

encouraging 形 勇気[元気]づける

► **encourage him to keep studying**
勉強を続けるよう彼を励ます

0720 ☐☐☐

decrease
[dì:krí:s]

減少する，を減少させる (⇔ increase)

名 [dí:kri:s] 減少

► **decrease gradually** 徐々に減る

0721 ☐☐☐ ⚠アクセント

access
[ǽkses]

にアクセスする，に近づく

名 接続，接近

accessible 形 近づきやすい

► **access the Internet** インターネットにアクセスする

0722 ☐☐☐

avoid
[əvɔ́ɪd]

を避ける〈*doing* ～すること〉

★目的語にto *do* はとらないので注意

► **avoid meeting him** 彼に会うのを避ける

0723 ☐☐☐

concern
[kənsə́:*r*n]

(受身形で)心配している〈about ～を〉，に関係する

名 心配，関心事

► **be concerned about children** 子供たちを心配する

0724 ☐☐☐

contain
[kəntéɪn]

を含む，を収容できる

content 名 中身　container 名 容器

► **Lemons contain lots of vitamin C.**
レモンは多くのビタミンCを含んでいる。

0725 ☐☐☐ ⚠発音・アクセント

manage
[mǽnɪdʒ]

を何とかやり遂げる〈to *do* ～すること〉，を経営する

management 名 経営，管理

manager 名 管理者，支配人

► **manage to save money** 何とかしてお金を貯める

0726 ☐☐☐ ⚠発音

approach
[əpróʊtʃ]

に接近する [≒ come up to]

名 取り組み方，接近

★他動詞なので，後にtoなどは不要

► **approach the Earth** 地球に接近する

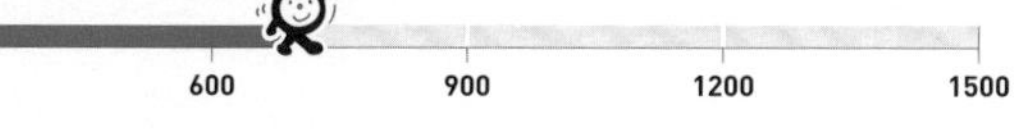

0727

beat
[biːt]

を負かす[≒ defeat]，(を)打つ
★beat-beat-beaten [beat]
名 打つ音，拍子
► beat a local team 地元チームを打ち負かす

0728

depend
[dɪpénd]

頼る，依存する〈on ～に〉
dependent 形 頼っている
► depend on *one's* parents for money
金銭面で両親に頼る

0729

disappear
[dìsəpíər]

姿を消す(⇔ appear)
disappearance 名 消失
► disappear suddenly 突然に姿を消す

0730

act
[ækt]

(を)演じる，行動する
名 (演芸などの)出し物(の1つ)
action 名 行動　active 形 活動的な
► act in a play 劇で演じる

名詞

0731 ⚠発音

castle
[kǽsl]

城
► a famous castle 有名な城

0732 ⚠発音

salmon
[sǽmən]

サケ，サケの肉
► smoked salmon スモークサーモン

0733

method
[méθəd]

方法
► a teaching method 教授法

0734

site
[saɪt]

用地，ウェブサイト
► a camping site キャンプ場

0718「ドアをノックする」は knock on a door。
on を落とさないように注意しよう。

0735 □□□

tablet
[tǽblət]

タブレット（コンピュータ），錠剤
► a tablet computer タブレットコンピュータ

0736 □□□

opinion
[əpínjən]

（しばしば *one's* ～）意見
► in my opinion 私の意見では

0737 □□□ ⚠アクセント

instance
[ínstəns]

（具体的な）例，実例 [≒ example]
► an instance of his success
彼の成功の一例

0738 □□□

instructor
[ɪnstrʌ́ktər]

（技能を教える）指導者
instruct 動 に教える
► a yoga instructor ヨガの指導員

0739 □□□

roll
[roʊl]

（紙などを）巻いたもの，ロールパン
動 転がる，を転がす
► egg rolls （中華料理の）春巻

0740 □□□ ⚠発音

scene
[siːn]

場面，眺め
► a movie with many scary scenes in it
怖い場面の多い映画

0741 □□□

style
[staɪl]

やり方，様式，型
stylish 形 しゃれた
► That's not my style.
それは私のやり方ではない。

0742 □□□

policy
[pɑ́(ː)ləsi]

政策，方針
► foreign policy 外交政策

0743 □□□

rush
[rʌʃ]

突進，殺到
動 突進する，を急がせる
► during rush hours ラッシュアワーの間に

0744

sample
[sǽmpl]

試供品，見本
► a free cheese sample
無料のチーズの試食品

0745

partner
[pάːrtnər]

パートナー，配偶者
► a partner for life 生涯のパートナー

0746

keyboard
[kíːbɔ̀ːrd]

キーボード
► type on a keyboard キーボードを打つ

0747

tutor
[tjúːṭər]

家庭教師，個人教師
tutorial 形 家庭教師の
► study English with a tutor
家庭教師に英語を教えてもらう

0748

position
[pəzíʃən]

位置，地位
► change the position of the shelf
棚の位置を変える

0749

puzzle
[pʌ́zl]

パズル，難問
動 を困らせる，頭を悩ます
► solve a crossword puzzle
クロスワードパズルを解く

0750

nation
[néɪʃən]

国家，(the ～) 国民
national 形 国家の，国民の，全国的な
► the United Nations 国際連合

0751

scenery
[síːnəri]

(集合的に) 風景
scene 名 場面，眺め
► be moved by beautiful scenery
美しい風景に感動する

0752

highway
[háɪwèɪ]

主要 [幹線] 道路
★日本語の「ハイウェイ」(高速道路) はexpressway
► drive on the highway 幹線道路を走る

0740 scene は「1つ1つの場面，景色」で可算，
0751 scenery は「(集合的に) 風景」で不可算だよ。

0753

lime
[laɪm]

ライム，ライムの実
► lime juice ライム果汁

0754

objection
[əbdʒékʃən]

反対，反対意見
object 動 反対する
► Any objections? 反対意見はありますか。

0755

ketchup
[kétʃəp]

ケチャップ
► put some ketchup on a hot dog
ホットドッグにケチャップをかける

0756

rainbow
[réɪnbòʊ]

虹
► a beautiful rainbow across the sky
空にかかる美しい虹

0757

imagination
[ɪmæ̀dʒɪnéɪʃən]

想像（力）
imagine 動 [ɪmǽdʒɪn]（を）想像する
► have a good imagination 想像力が豊かだ

0758

puppy
[pʌ́pi]

子犬
► a cute puppy かわいい子犬

0759 ⚠ 発音

row
[roʊ]

列，横列（⇔ column 縦列）
► sit in the first row 1列目に座る

0760

horn
[hɔːrn]

（動物の）角（つの），警笛
► the horns of a rhinoceros サイの角

0761

impression
[ɪmpréʃən]

印象，感銘
impress 動 に印象を与える
► What was your first impression?
君の第一印象はどうでしたか。

0762

leather
[léðər]

革
► a bag made of leather 革製のバッグ

0763

lifeguard
[láɪfgɑ̀ːrd]

(海岸・プールの)監視[救助]員
► my job as a lifeguard
監視員としての私の仕事

0764 発音・アクセント

palace
[pǽləs]

宮殿，大邸宅
► a famous palace garden 有名な宮殿の庭

0765

photocopy
[fóuṭəkɑ̀(ː)pi]

写真複写，コピー
動 (を)写真複写[コピー]する
► use a photocopy machine コピー機を使う

0766

pole
[poul]

棒，さお
► a long wooden pole 長い木製の棒

0767 アクセント

politician
[pɑ̀(ː)lətíʃən]

政治家
politics 名 政治　political 形 政治(上)の
► a politician respected by everyone
みんなから尊敬されている政治家

0768

residence
[rézɪdəns]

住居，居住
resident 名 居住者
► Hello, this is the Brown residence.
もしもし，ブラウン(の家)ですが。

0769

spice
[spaɪs]

スパイス，(集合的に)香辛料
spicy 形 スパイスの効いている
► add spices to the food
料理にスパイスを入れる

0770 発音

total
[tóuṭəl]

合計，全体(⇔ part)
形 合計の，全体の
totally 副 全く，完全に
► Your total is $56. 合計金額は56ドルです。

0760 horn には「(楽器の) ホルン」の意味もあるよ。

0771

version
[vəːrʒən]

版，バージョン

► the second version 第2版

0772 ⚠ 発音・アクセント

nephew
[néfjuː]

おい

★「めい」はniece

► My nephew likes avocados.
私のおいはアボカドが好きだ。

0773 ⚠ 発音

statue
[stǽtʃuː]

像，彫像

► the Statue of Liberty 自由の女神像

0774 ⚠ 発音

soldier
[sóuldʒər]

兵士，（陸軍の）軍人

► train soldiers 兵士を訓練する

形容詞

0775 ⚠ 発音

patient
[péɪʃənt]

忍耐強い〈with ～に〉（⇔ impatient）

名 患者　patience 名 忍耐

► be patient with others
他人に対して忍耐強い

0776 ⚠ 発音・アクセント

various
[véəriəs]

さまざまな

vary 動 変わる，を変える

variety 名 多様性

► for various reasons さまざまな理由で

0777

laptop
[lǽptɑ̀(ː)p]

ノートパソコンの，ラップトップの

名 ノートパソコン

► a laptop computer ノートパソコン

0778

violent
[váɪələnt]

乱暴な，激しい

violence 名 暴力

► violent crimes 暴力犯罪

0779

noisy
[nɔ́ɪzi]

騒々しい（⇔ quiet）
noise 名 騒音
► **noisy neighbors** やかましい隣人たち

0780

personal
[pə́ːrsənəl]

個人の，私的な［≒ private］（⇔ public）
person 名 人
personality 名 個性
► **personal information** 個人情報

0781 ⚠ 発音

unique
[juníːk]

独特の，唯一の
► **unique culture** 特異な文化

0782

tight
[taɪt]

きつい（⇔ loose）
tighten 動 を締める
► **a tight shirt** ぴったりしたシャツ

0783

mixed
[mɪkst]

男女混合の，混じり合った
► **mixed doubles**（テニスなどの）混合ダブルス

0784 ⚠ 発音

typical
[típɪkəl]

典型的な
type 名 型，典型
typically 副 典型的に
► **a typical example** 典型的な例

0785 ⚠ アクセント

independent
[ìndɪpéndənt]

自立した，独立した〈of, from ～から〉
independence 名 独立，自立
► **an independent person** 自立した人

0786

nonsmoking
[nɑ̀(ː)nsmóʊkɪŋ]

（座席などが）禁煙の
名 禁煙
► **request a nonsmoking table**
禁煙席を希望する

0787

wooden
[wʊ́dən]

木製の
wood 名 木材
► **a wooden box** 木箱

0777 laptop の lap は「膝」。
ノートパソコンを膝の上に載せて使っている人もいるよね。

0788

narrow
[nǽroʊ]

狭い (⇔ broad, wide)
動 を狭くする
narrowly 副 かろうじて
► **a narrow street** 幅の狭い通り

0789 ⚠ アクセント

absent
[ǽbsənt]

欠席の，不在の (⇔ present)
absence 名 欠席
► **be absent from school** 学校を休む

副詞

0790 ⚠ アクセント

sincerely
[sɪnsíərli]

心から
sincere 形 誠実な
sincerity 名 誠実
► **sincerely wish for peace** 心から平和を願う

0791

originally
[ərídʒənəli]

最初は，もともと
original 形 独創的な，元の
► **as originally planned**
当初計画されていた通り

0792

suddenly
[sʌ́dənli]

突然 (⇔ gradually)
sudden 形 突然の
► **It suddenly began to snow.**
突然雪が降り始めた。

0793

poorly
[pʊ́ərli]

下手に，まずく
poor 形 貧しい，下手な
► **do poorly on the test** テストの成績が悪い

0794

straight
[streɪt]

まっすぐに
形 まっすぐな
► **go straight home** まっすぐ家に帰る

0795 ⚠ アクセント

upstairs
[ʌ̀pstéərz]

階上へ［で］(⇔ downstairs)，2階へ［で］
► **Your room is upstairs.**
君の部屋は上の階だよ。

0796 □□□
hopefully
[hóupfəli]

願わくば，うまくいけば
hopeful 形 有望な
▶ Hopefully, he will succeed.
願わくば彼に成功してもらいたい。

0797 □□□
physically
[fízɪkəli]

身体的に (⇔ mentally)，物理的に
physical 形 身体の，物質的な
▶ both physically and mentally
肉体的にも精神的にも

0798 □□□
anywhere
[énihwèər]

(否定文で) どこに [へ] も (～ない)，(疑問文・条件節で) どこかに [へ，で]
★ somewhereとの使い分けはsomeとanyの場合と同じ
▶ I can't find it anywhere. それがどこにも見つからない。

前置詞

0799 □□□
beyond
[biá(:)nd]

～を越えて，～の向こうに
副 向こうに，さらに遠くに
▶ success beyond our expectations
私たちの予想を上回る成功

0800 □□□
below
[bɪlóu]

～より下に (⇔ above)
副 下に
▶ below the horizon 水平 [地平] 線の下に

単語編 でる度B チェックテスト

1 下線部の語句の意味を答えましょう。

(1) **attend** a meeting　会議に(　　　　)

(2) **quit** smoking　タバコを(　　　　)

(3) have a bad **headache**　ひどい(　　　　)がする

(4) go **straight** home　(　　　　)家に帰る

2 日本語に合うように(　)に英単語を入れましょう。

(1) その問題について議論する　(　　　　) the matter

(2) チョコレート工場で働く　work in a chocolate (　　　　)

(3) 混雑した電車　a (　　　　) train

3 下線部の単語の意味と，その反意語を答えましょう。

(1) a **female** student　⇔ a (　　　　) student
(　　　　)学生

(2) be fast **asleep**　⇔ Are you (　　　　)?
ぐっすり(　　　　)いる

(3) do a **safety** check ⇔ be in (　　　　)
(　　　　)点検をする

正解

1 (1) 出席する(→0409)　(2) やめる(→0515)　(3) 頭痛(→0667)
(4) まっすぐ(→0794)

2 (1) discuss(→0428)　(2) factory(→0541)　(3) crowded(→0679)

3 (1) male／女子(→0585)　(2) awake／寝て(→0484)
(3) danger／安全(→0525)

単語編

差がつく応用単語 300

Section 9

動詞

0801

chat
[tʃæt]

おしゃべりする，雑談する
名 おしゃべり，雑談
► chat with friends 友達とおしゃべりする

0802 ⚠ アクセント

advertise
[ǽdvərtàɪz]

(を)宣伝する
advertisement 名 広告
► advertise a new product 新製品を宣伝する

0803 ⚠ 発音・アクセント

appreciate
[əpríːʃièɪt]

を感謝する
appreciation 名 感謝，評価
► I appreciate your help.
あなたの援助に感謝します。

0804 ⚠ 発音・アクセント

exhibit
[ɪgzíbət]

を展示する
exhibition 名 [èksɪbíʃən] 展示会
► exhibit his artwork 彼の芸術作品を展示する

0805 ⚠ 発音

arrange
[əréɪndʒ]

を取り決める，準備をする〈for ～の〉
arrangement 名 (通例 ～s) 準備，取り決め
► arrange a meeting 会議を設定する

0806

freeze
[friːz]

凍る，を凍らせる
★freeze-froze-frozen
freezing 形 いてつくように寒い[冷たい] frozen 形 凍った
► The water pipes froze. 水道管が凍った。

0807

download
[dáʊnlòʊd]

(データなど)をダウンロードする(⇔ upload)
名 ダウンロード
► download music to a smartphone
音楽をスマートフォンにダウンロードする

0808

handle
[hǽndl]

を扱う [≒ deal with]，に手を触れる
名 取っ手，柄(え)
★「(車の)ハンドル」はa steering wheel
► handle a glass carefully グラスを注意深く扱う

0809 ⚠アクセント

apologize
[əpá(ː)lədʒàɪz]

謝る〈to ～に，for ～のことで〉
apology 名 わび，謝罪
▶ **apologize to him for being late**
遅刻したことを彼に謝る

0810

cycle
[sáɪkl]

自転車に乗る，循環する
名 自転車［= bicycle］，サイクル，循環
▶ **cycle to work** 自転車に乗って出勤する

0811

dislike
[dɪsláɪk]

を嫌う〈*doing* ～すること〉(⇔ like)
名 嫌悪〈of, for ～に対する〉
★ likeと異なり，to *do*を目的語とすることはまれ
▶ **dislike hearing excuses** 言い訳を聞くのを嫌う

0812 ⚠発音

exist
[ɪgzíst]

存在する
existence 名 存在
▶ **It doesn't actually exist.**
それは実際には存在しない。

0813

float
[floʊt]

漂う，浮かぶ (⇔ sink)，を浮かべる
名 浮くもの
▶ **Clouds are floating away.** 雲が流れている。

0814

flow
[floʊ]

流れる
名 流れ
▶ **The river flows through the town.**
その川は町を貫いて流れている。

0815

arrest
[ərést]

を逮捕する〈for ～の罪で〉
名 逮捕
▶ **arrest him for murder**
殺人の罪で彼を逮捕する

0816

bark
[bɑːrk]

(犬などが)ほえる〈at ～に〉
名 ほえ声
▶ **bark at a stranger** 見知らぬ人にほえる

0817

dig
[dɪg]

(を)掘る
★ dig-dug-dug
▶ **dig a hole** 穴を掘る

0807 download や upload の load は，
荷物などを「積み込む，載せる」という意味だよ。

0818 □□□

divide
[dɪváɪd]

を分ける〈into ～に〉
division 名 分割
▶ **divide the cake into four**
そのケーキを4つに分ける

0819 □□□

flash
[flæʃ]

ぴかっと光る，をぱっと照らす
名 きらめき　形 突発的な
▶ **Lightning suddenly flashed.**
稲妻が突然光った。

0820 □□□

babysit
[béɪbisìt]

(子供)の世話をする，子供を世話する
★babysit-babysat-babysat
babysitter 名 ベビーシッター
▶ **babysit my brother** 弟の子守をする

0821 □□□

force
[fɔːrs]

(force *A* to *do*で)Aに～することを強いる
名 力，暴力，軍隊
▶ **force me to go to piano lessons**
無理やり私をピアノのレッスンに行かせる

0822 □□□ アクセント

increase
[ɪnkríːs]

増加する，を増やす (⇔ decrease)
名 [íŋkriːs] 増加
▶ **increase dramatically** 劇的に増加する

0823 □□□

reduce
[rɪdjúːs]

を減らす，減る
reduction 名 減少，縮小
▶ **reduce food waste** 食べ物の無駄を減らす

0824 □□□ アクセント

prevent
[prɪvént]

を防ぐ，を妨げる
prevention 名 防止，予防
preventive 形 予防の
▶ **prevent accidents** 事故を防ぐ

0825 □□□ 発音

lower
[lóʊər]

を下げる
形 低い方の (lowの比較級)，下の (⇔ upper)
low 形 低い
▶ **lower the cost** コストを下げる

0826 □□□

rise
[raɪz]

(太陽などが)昇る (⇔ set)，(価格・温度などが)上がる (⇔ fall)
★rise-rose-risen　名 上昇，増加
▶ **The sun rises in the east.** 太陽は東から昇る。

0827 ☐☐☐ **limit** [límət]	を制限する〈to ～に〉 名 (しばしば ～s) 限度 ► **limit the number to ten** 数を10に制限する
0828 ☐☐☐ ⚠アクセント **recognize** [rékəgnàɪz]	をそれとわかる，を認識する，を認める recognition 名 それとわかること，認識 ► **recognize her at once** すぐに彼女だとわかる
0829 ☐☐☐ **remain** [rɪméɪn]	のままである，残る ► **She remained silent.** 彼女は沈黙したままだった。
0830 ☐☐☐ ⚠アクセント **promote** [prəmóʊt]	(受身形で) 昇進する，を促進する promotion 名 昇進，促進 ► **be promoted to hotel manager** ホテルの支配人に昇進する
0831 ☐☐☐ **request** [rɪkwést]	を要請する [≒ ask for] 名 依頼，要望，リクエスト ► **request information** 情報を求める
0832 ☐☐☐ **observe** [əbzə́ːrv]	(を) 観察する，(法律・習慣など) を守る observation 名 観察　observance 名 遵守 ► **observe ants carefully** 注意深くアリを観察する
0833 ☐☐☐ ⚠アクセント **overcome** [òʊvərkʌ́m]	(を) 克服する [≒ break through, get over]，(に) 打ち勝つ ★overcome-overcame-overcome ► **overcome difficulties** 困難を克服する

名詞

0834 ☐☐☐ ⚠発音・アクセント **astronaut** [ǽstrənɔ̀ːt]	宇宙飛行士 ► **want to be an astronaut** 宇宙飛行士になりたいと思う

0834 astronautは，astro「星」＋ naut「航行する人」が語源なんだって。かっこいい！

0835 ⚠発音 **disease** [dɪzíːz]	病気 [≒ illness, sickness] ► **cure a disease** 病気を治療する
0836 ⚠発音 **chemical** [kémɪkəl]	化学製品，化学薬品 形 化学(上)の chemistry 名 化学 ► **harmful chemicals** 有害な化学製品
0837 **education** [èdʒəkéɪʃən]	教育 educate 動 [édʒəkèɪt] (を)教育する educational 形 教育的な ► **(a) college education** 大学教育
0838 ⚠アクセント **biology** [baɪá(ː)lədʒi]	生物学 biologist 名 生物学者 biological 形 生物学の ► **my biology assignment** 私の生物学の課題
0839 ⚠発音 **ballet** [bæléɪ]	(しばしば the ～) バレエ ► **a ballet dancer** バレエダンサー
0840 **generation** [dʒènəréɪʃən]	世代 ► **younger generations** 若い世代
0841 **blanket** [blǽŋkət]	毛布 ► **put a blanket over her** 彼女に毛布を掛ける
0842 **gasoline** [gǽsəlìːn]	ガソリン ★略して gas ► **pay for gasoline** ガソリン代を払う
0843 **clinic** [klínɪk]	診療所 ► **a dental clinic** 歯科クリニック

0844 ⚠ 発音

clerk
[kləːrk]

店員，事務員
► a store clerk 店員，販売員

0845 ⚠ アクセント

engineer
[èndʒɪníər]

エンジニア，技術者
engineering 名 工学
► a systems engineer
システムエンジニア，SE

0846

boarding
[bɔ́ːrdɪŋ]

搭乗，乗船，乗車
board 動 に乗り込む，搭乗する
► a boarding pass 搭乗券

0847

document
[dɑ́(ː)kjumənt]

文書，書類
► sign a document 文書に署名する

0848

emotion
[ɪmóuʃən]

感情 [≒ feeling]
emotional 形 感情的な
► control *one's* emotions 感情を抑える

0849

congratulation
[kəngrætʃuléɪʃən]

(～s) 祝辞，祝いの言葉 〈on ～についての〉
★新年・クリスマス・誕生日などの祝辞には用いない
► Congratulations to you on your success!
ご成功おめでとうございます！

0850

ceremony
[sérəmòuni]

儀式
ceremonial 形 儀式の，格式ばった
► a graduation ceremony 卒業式

0851

billion
[bíljən]

10億，(～sで) 数十億
★「千」はthousand，「100万」はmillion
► eight billion people 80億の人々

0852

assistant
[əsístənt]

助手，補佐
assist 動 を手伝う
► an assistant driver 運転助手

「おめでとう！」は **0849** Congratulations! で，最後の -s を忘れずに。

0853

habit
[hǽbɪt]

癖，（個人的な）習慣

★habitは「（個人的な）習慣」，customは「（社会的な）慣習」

► break [give up] a bad habit 悪い癖をやめる

0854

fisherman
[fíʃərmən]

漁師，釣り人

★fisher「漁師」は男女区別なく用いられる

► local fishermen 地元の漁師たち

0855 ⚠ アクセント

atmosphere
[ǽtməsfìər]

雰囲気，（the ～）大気

► a friendly atmosphere 友好的な雰囲気

0856

commercial
[kəmə́ːrʃəl]

コマーシャル

形 商業の

► a TV commercial テレビコマーシャル

0857

designer
[dɪzáɪnər]

デザイナー，設計者

design 動 デザイン［設計］する

► a shoe designer 靴のデザイナー

0858

envelope
[énvəlòup]

封筒

► put a stamp on the envelope
封筒に切手を貼る

0859

figure
[fígjər]

人物，形，数字，図

► a public figure 著名人

0860

beauty
[bjúːţi]

美，美人

beautiful 形 美しい

► natural beauty 自然美

0861

branch
[bræntʃ]

枝，支流，支店

► A bird is singing on a branch.
鳥が枝でさえずっている。

0862 □□□

diet
[dáɪət]

ダイエット，日常の食事
► be on a diet ダイエット中である

0863 □□□

edge
[edʒ]

縁(ふち)，刃
► the edge of a table テーブルの縁

0864 □□□

enemy
[énəmi]

敵（⇔ friend）
► get caught by the enemy 敵につかまる

0865 □□□

graduation
[grædʒuéɪʃən]

卒業，卒業式
graduate 動 卒業する
► soon after graduation 卒業してすぐ

0866 □□□

calculator
[kǽlkjulèɪṭər]

計算機
calculate 動 (を)計算する　calculation 名 計算
► solve a problem with a calculator
計算機を使って問題を解く

0867 □□□ ⚠ アクセント

attitude
[ǽṭətjù:d]

態度〈toward, to ～に対する〉
► a bad attitude toward teachers
教師に対する悪い態度

0868 □□□

disaster
[dɪzǽstər]

災害，不幸
► a natural disaster 自然災害

0869 □□□ ⚠ アクセント

forecast
[fɔ́:rkæst]

予報
► the weather forecast 天気予報

0870 □□□ ⚠ 発音

furniture
[fə́:rnɪtʃər]

(集合的に)家具
★数えるときにはa piece of furnitureと言う
► two pieces of furniture 家具2点

0868 disasterの語源はdis-「離れて」＋astrum「(幸運の) 星」なんだって。

0871 **angle** [ǽŋgl]	角度，観点 ► think from a different angle 別の角度から考える
0872 **beetle** [bíːţl]	カブトムシ(の類) ► collect beetles and butterflies カブトムシやチョウを採集する
0873 **bookshelf** [búkʃèlf]	本棚 ★複数形はbookshelves ► take a book from the bookshelf 本棚から本を取り出す
0874 **comment** [ká(ː)mènt]	論評，コメント〈on, about ～についての，that …という〉 動 (と)論評する ► make a comment on the idea その考えに意見を述べる
0875 **happiness** [hǽpinəs]	幸福，幸せ happy 形 幸福な ► pray for your happiness あなたの幸せのために祈る
0876 **nationality** [næ̀ʃənǽləţi]	国籍 ► What is your nationality? あなたの国籍はどこですか。

形容詞

0877 **fat** [fæt]	太った(⇔thin)，厚い 名 脂肪 ► a big fat dog 大きくて太った犬
0878 **empty** [émpti]	空(から)の(⇔full) ► an empty house 空き家

0879 ⚠アクセント
confident
[ká(ː)nfɪdənt]
確信して〈of ～を〉，自信のある
confidence 名 自信
► **I'm confident of his success.**
彼の成功を確信している。

0880
exact
[ɪgzǽkt]
正確な
exactly 副 正確に，まさに
► **the exact time** 正確な時間

0881
dead
[ded]
死んだ（⇔ alive）
die 動 死ぬ
death 名 死
► **the dead** 死者たち［= dead people］

0882
curious
[kjʊ́əriəs]
好奇心の強い，知りたがる
curiosity 名 [kjùəriá(ː)səṭi] 好奇心
► **be curious about anything new**
新しいものなら何でも知りたがる

0883 ⚠アクセント
familiar
[fəmíljər]
精通して〈with ～に〉，よく知られた〈to ～に〉（⇔ unfamiliar）
► **I'm not familiar with this field.**
私はこの分野のことには詳しくない。

0884
fantastic
[fæntǽstɪk]
素晴らしい，空想的な
fantasy 名 空想
► **a fantastic idea** 素晴らしい考え

0885
alike
[əláɪk]
（互いに）似ている，同様で
副 同じように
► **Our ideas are very much alike.**
私たちの考えは非常に似ている。

0886 ⚠発音
calm
[kɑːm]
落ち着いた
動（calm downで）落ち着く
名 平穏
► **stay calm** 冷静でいる

0887 ⚠発音・アクセント
delicate
[délɪkət]
取り扱いの難しい，繊細な
delicacy 名 [délɪkəsi] もろさ，繊細さ
► **a delicate matter** 取り扱いの難しい問題

0877 fat「太った」は人に対して用いると失礼になるから，(a little) overweightなどの表現を覚えておこう。

0888 **flat** [flæt]	平らな，空気の抜けた，均一の ► **flat ground** 平らな地面
0889 **following** [fá(:)louɪŋ]	(the ~) (その) 次の，以下の 名 (the ~) 次のもの，以下に述べること follow 動 に続く ► **in the following way** 次のように
0890 ⚠ 発音 **handsome** [hǽnsəm]	ハンサムな，端正な顔立ちの ► **a handsome young man** ハンサムな若者
0891 **balanced** [bǽlənst]	バランス [均衡] の取れた balance 動 (の) バランスを取る ► **a balanced diet** バランスの取れた食事
0892 **brave** [breɪv]	勇敢な，勇ましい (⇔ timid) bravery 名 勇敢さ，勇敢な行為 ► **praise him for being brave** 勇敢だったことで彼をほめる
0893 **careless** [kéərləs]	(人・行為が) 不注意な，軽率な (⇔ careful) ► **a careless spelling mistake** 不注意なスペリングミス
0894 **foolish** [fú:lɪʃ]	愚かな，ばかな (⇔ wise, sensible) fool 名 愚か者 ► **Don't be foolish.** ばかなまねをするな。
0895 **freezing** [frí:zɪŋ]	いてつくように寒い [冷たい] freeze 動 凍る，を凍らせる ► **It's freezing outside.** 外はものすごく寒い。

副詞

0896

gradually
[grǽdʒuəli]

徐々に [≒ little by little]
▶ **gradually disappear** 徐々に消えていく

0897

eventually
[ɪvéntʃuəli]

結局（は）
▶ **He will fail eventually.**
結局は彼は失敗するだろう。

0898

besides
[bɪsáɪdz]

その上 [≒ moreover, furthermore]，さらに [≒ in addition]
★beside「～のそばに」との混同に注意
▶ **Besides, it is cheap!** その上，それは安い！

0899

apart
[əpáːrt]

(apart fromで)～を除いて，～から離れて
▶ **apart from the case** そのケースは別として

0900

hardly
[háːrdli]

ほとんど～ない [≒ scarcely]
★通常，be動詞・助動詞の後，本動詞の前に置かれる
▶ **I can hardly believe it.**
僕にはそれがほとんど信じられない。

Section 10

動詞

0901
insist
[ɪnsíst]

強く主張する〈on ～を〉
insistence 名 主張
► He insisted on his theory.
彼は持論を主張した。

0902
refresh
[rɪfréʃ]

を元気づける，の気分をさわやかにする
refreshment 名 元気回復，(～s) 軽食
► A cup of coffee always refreshes me.
1杯のコーヒーがいつも私を元気づけてくれる。

0903
melt
[melt]

溶ける，を溶かす
► The snow began to melt. 雪が溶け始めた。

0904
seek
[siːk]

追求する〈for ～を〉，を捜す [≒ look for]
★seek-sought-sought
► seek for the truth 真実を追求する

0905
slide
[slaɪd]

滑り下りる〈down ～を〉，を滑らせる
★slide-slid-slid
名 滑ること，滑り台，スライド
► slide down a slope 坂を滑り下りる

0906 ⚠ 発音
knit
[nɪt]

を編む，編み物をする
★knit-knitted [knit] -knitted [knit]
► knit a sweater for me
私にセーターを編んでくれる

0907
resemble
[rɪzémbl]

(外見・性質などが) に似ている [≒ take after]
resemblance 名 似ていること，類似
► She resembles her mother in character.
彼女は母親に性格が似ている。

0908
suffer
[sʌ́fər]

苦しむ〈from ～に〉，病気にかかる〈from ～の〉，(損害・損傷など) を受ける
suffering 名 苦しみ
► suffering people 苦しんでいる人々

0909 □□□

surf
[sə:rf]

（ホームページなどを）見て回る，サーフィンをする
surfing 名 サーフィン
► surf (on) the Internet ネットサーフィンをする

0910 □□□

stick
[stɪk]

くっつく〈to ～に〉，を突き刺す
★stick-stuck-stuck
sticky 形 粘着性の
► Gum stuck to his shoes. 彼の靴にガムがくっついた。

0911 □□□

trap
[træp]

を閉じ込める，（動物）をわなで捕らえる
名 わな，計略
► be trapped in the building
建物に閉じ込められる

0912 □□□

switch
[swɪtʃ]

をスイッチで切り替える，を変える，転換する
名 スイッチ
► switch the music off 音楽のスイッチを切る

0913 □□□

specialize
[spéʃəlàɪz]

専門とする，専攻する〈in ～を〉 [≒ major]
special 形 特別な
specialty 名 専攻，名物
► specialize in literature 文学を専攻する

0914 □□□ ⚠発音

supply
[səpláɪ]

を供給する〈for ～に〉
名 供給（⇔ demand 需要）
► supply enough electricity for the whole country 国全体に十分な電力を供給する

0915 □□□ ⚠アクセント

survive
[sərváɪv]

（を）生き残る
survival 名 生存
► survive without enough food
十分な食料なしで生き残る

0916 □□□ ⚠アクセント

succeed
[səksí:d]

成功する〈in ～に〉（⇔ fail），継承する〈to ～を〉
success 名 成功
► succeed as a businessperson
実業家として成功する

0917 □□□ ⚠発音

tear
[teər]

を裂く，を破る，を無理矢理引き離す
★tear-tore-torn
► tear the letter into pieces
手紙を細かく引き裂く

0917 tear「を裂く」は，tear「涙」[tɪər]と同じつづりだけど，発音が違うんだ。

0918

vote
[vout]

投票する，を投票で決める
㊔ 投票
► Who will you vote for in the next election? あなたは次の選挙で誰に投票しますか。

0919

lock
[lɑ(:)k]

に鍵をかける（⇔ unlock）
㊔ 錠（前）
► lock a door ドアに鍵をかける

0920

harm
[hɑ:rm]

を損なう，を傷つける
㊔ 害　harmful ㊏ 有害な
► Smoking may harm your health.
喫煙はあなたの健康を損なう恐れがある。

0921

award
[əwɔ́:rd]

（賞など）を与える〈to ～に〉
㊔ 賞
► award a gold medal to him
彼に金メダルを授与する

0922　⚠ アクセント

consider
[kənsídər]

についてよく考える，（を）熟考する
consideration ㊔ 熟考
considerate ㊏ 思いやりのある
► consider a proposal carefully 提案について慎重に考える

0923

release
[rɪlí:s]

を解放する〈from ～から〉
㊔ 解放，（一般）公開
► be released from (the) hospital
病院から解放される（退院を許される）

0924

appear
[əpíər]

出現する（⇔ disappear），のように見える
[≒ seem]
appearance ㊔ 出現，外観
► appear on the stage 舞台に現れる

名詞

0925

researcher
[rɪsə́:rtʃər]

研究者，調査員
research ㊍ を研究［調査］する
► according to some researchers
何人かの研究者によると

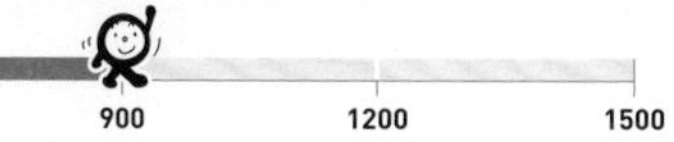

0926

metal
[méṭəl]

金属
metallic 形 金属的な，金属の
► **a cup made of metal** 金属でできたカップ

0927 ⚠ 発音・アクセント

manager
[mǽnɪdʒər]

支配人，管理者，経営者
manage 動 を管理する，を経営する
► **a general manager** 総支配人

0928

organization
[ɔ̀ːrgənəzéɪʃən]

組織，団体
organize 動 [ɔ́ːrgənàɪz] を組織する，を主催する
► **set up an organization** 組織を創設する

0929

mystery
[místəri]

ミステリー，神秘
mysterious 形 神秘的な
► **a mystery novel** 推理小説

0930 ⚠ アクセント

passenger
[pǽsɪndʒər]

（列車・飛行機・船などの）乗客
★「乗務員」はcrew
► **a passenger list** 乗客名簿

0931

population
[pà(ː)pjuléɪʃən]

人口
► **have a large [small] population**
人口が多い［少ない］

0932 ⚠ 発音・アクセント

image
[ímɪdʒ]

イメージ，映像
► **change his image** 彼のイメージを変える

0933

level
[lévəl]

水準，レベル
► **the level of living** 生活水準

0934

opportunity
[à(ː)pərtjúːnəṭi]

機会［≒ chance］
► **an opportunity to go abroad**
外国へ行く機会

0932 image の発音は「イメージ」より「イミッジ」が近いかな。

0935

mayor
[méɪər]

市長
► elect her mayor 彼女を市長に選ぶ

0936 ⚠発音

quality
[kwɑ́(:)ləṭi]

質 (⇔ quantity 量)
► the quality of life 生活の質

0937

signal
[sígnəl]

信号，合図
動 (に)合図をする
► a traffic signal 交通信号

0938 ⚠発音

liquid
[líkwɪd]

液体
★「気体」はgas,「固体」はsolid
► a clear liquid 透明な液体

0939 ⚠アクセント

majority
[mədʒɔ́(:)rəṭi]

大多数，多数派 (⇔ minority)，過半数
major 形 多数の，主要な
► the majority of students 生徒の大多数

0940

location
[loukéɪʃən]

場所，位置
locate 動 [lóukeɪt] を位置づける
► a good location for skiing
スキーに絶好の場所

0941

pain
[peɪn]

苦痛，(~s) 苦労
painful 形 辛い，苦痛な
► feel pain 痛みを感じる

0942 ⚠アクセント

reality
[riǽləṭi]

現実(性)，現実のもの
real 形 本当の
► escape from reality 現実から逃避する

0943

rental
[rénṭəl]

賃貸し[賃借り]すること，レンタル料
形 賃貸の
► arrange car rental 車のレンタルを手配する

0944 ⚠アクセント

midnight
[mídnàɪt]

午前0時，夜中の12時（⇔ midday）
★「深夜に」はin the middle of the nightで，in the midnightとは言わない
► at midnight 夜中の0時に

0945 ⚠アクセント

influence
[ínfluəns]

影響〈on ～への〉[≒ effect]
動 に影響を与える
► have a good influence on children
子供たちに良い影響を与える

0946

restroom
[réstrù:m]

（公共建物内の）トイレ，化粧室
► Where is the restroom?
トイレはどこですか。

0947

shelter
[ʃéltər]

避難所，住まい
動 を保護する，避難する
► an emergency shelter 緊急避難所

0948

sheet
[ʃi:t]

1枚（の紙），（金属・ガラスなどの）薄板，シーツ
► take out a sheet of paper
1枚の紙を取り出す

0949

operation
[à(:)pəréɪʃən]

手術，操作
operate 動 [á(:)pərèɪt] 手術する，を操作する
► have an operation on *one's* stomach
胃の手術を受ける

0950 ⚠アクセント

photograph
[fóuṭəgræ̀f]

写真 [= photo] [≒ picture]
動 （の）写真を撮る
photographer 名 [fətá(:)grəfər] 写真家
► a black-and-white photograph 白黒写真

0951

printer
[príṇṭər]

プリンター，印刷機
print 動 を印刷する
► fix a printer プリンターを修理する

0952 ⚠発音

rhythm
[ríðm]

リズム
rhythmic(al) 形 リズミカルな
► dance to the rhythm リズムに合わせて踊る

0946 restroomに対して，個人宅のトイレはbathroomと言うんだって。

0953

shrimp
[ʃrɪmp]

小エビ

★lobster「ロブスター」, prawn「クルマエビ」より小さい

► **a shrimp burger** エビのハンバーガー

0954 ⚠発音・アクセント

souvenir
[sùːvəníər]

みやげ，記念品，思い出の品

► **buy some souvenirs for my son**
息子におみやげを買う

0955 ⚠発音

receipt
[rɪsíːt]

レシート，領収書，受領

receive 動 を受け取る

► **May I have the receipt?**
レシートをいただけますか。

0956

lecture
[léktʃər]

講義，講演

lecturer 名 講演者

► **attend a lecture on art**
芸術についての講義に出席する

0957

rank
[ræŋk]

階級，ランク

動 を等級づけする，位置する

ranking 名 等級づけ

► **a person of high rank** 階級の高い人

0958 ⚠発音

horizon
[həráɪzən]

(the ～) 地平線，水平線，(通例 ～s) 視野

horizontal 形 [hɔ̀ːrəzɑ́(ː)ntəl] 地平[水平]線の，水平な

► **rise above the horizon** 地平[水平]線上に昇る

0959

purse
[pəːrs]

ハンドバッグ[= handbag]，(主に女性用の)財布

► **a purse made of leather**
革製のハンドバッグ[財布]

0960

harmony
[hɑ́ːrməni]

調和〈with ～との〉

► **be in harmony with nature**
自然と調和している

0961 ⚠発音

lawyer
[lɔ́ːjər]

弁護士，法律家

► **consult a lawyer** 弁護士に相談する

0962 ⚠ アクセント

origin
[ɔ́(ː)rɪdʒɪn]

起源
original 形 最初の，独創的な
▶ the origin of civilization 文明の起源

0963 ⚠ 発音

pause
[pɔːz]

休止，中止
動 休止する
▶ start again after a pause
小休止の後に再開する

0964 ⚠ アクセント

popularity
[pɑ̀(ː)pjulǽrəṭi]

人気
popular 形 人気のある
▶ Their popularity has increased.
彼らの人気は増している。

0965 ⚠ 発音

praise
[preɪz]

称賛〈of, for ～に対する〉，賛美
動 をほめる，を称賛する
▶ receive praise from the audience
観客から称賛を受ける

0966

pride
[praɪd]

プライド，誇り
proud 形 誇りに思って
▶ injure his pride 彼のプライドを傷つける

0967

reaction
[riǽkʃən]

反応〈to ～への〉
react 動 反応する
▶ a natural reaction 自然な反応

0968

rumor
[rúːmər]

うわさ
▶ spread a rumor うわさを広める

0969

shadow
[ʃǽdoʊ]

影，（日）陰 [≒ shade]
▶ the shadow of a stranger 見知らぬ人の影

0970

smoker
[smóʊkər]

喫煙者
smoke 動 タバコを吸う
▶ separate smokers and non-smokers
喫煙者と非喫煙者を分ける

0955 receipt の p は発音しないよ！

0971 ⚠発音

laughter
[lǽftər]

笑い，笑い声
laugh 動 笑う
► burst into laughter どっと笑いだす

0972

miracle
[mírəkl]

奇跡
miraculous 形 [mərǽkjuləs] 奇跡的な
► It was a miracle that he came back alive. 彼が生還したのは奇跡だった。

0973

niece
[niːs]

めい
★「おい」はnephew
► My niece is a high school student.
私のめいは高校生だ。

0974

oyster
[ɔ́ɪstər]

カキ
► Oysters are now in season.
カキは今が旬だ。

0975

pace
[peɪs]

(発展・生活・運動などの)速さ，ペース
► study at your own pace
あなたのペースで勉強する

0976 ⚠アクセント

penalty
[pénəlti]

罰金，罰
► pay a penalty 罰金を払う

0977 ⚠発音

prayer
[preər]

祈り
★prayer「祈る人」[préɪər]と発音の違いに注意
pray 動 (を)祈る
► a prayer for world peace 世界平和への祈り

0978

projector
[prədʒéktər]

映写機，プロジェクター
► Something is wrong with this projector.
このプロジェクターはどこか故障している。

0979

sketch
[sketʃ]

スケッチ，概略
動 (を)スケッチする
► make a rough sketch of the house
その家のおおまかなスケッチを描く

形容詞

0980 ⚠アクセント
particular
[pərtíkjulər]
特定の，特別の
particularly 副 特に
► **particular people** 特定の人々

0981 ⚠アクセント
necessary
[nésəsèri]
必要な
necessity 名 [nəsésəṭi] 必要性
necessarily 副 （否定文で）必ずしも（～でない）
► **necessary information** 必要な情報

0982
natural
[nætʃərəl]
自然の，当然の，生まれつきの
nature 名 [néɪtʃər]（しばしば N-）自然
► **natural energy** 自然エネルギー

0983
smart
[smɑːrt]
頭の良い，しゃれた
► **a smart solution** 賢い解決法

0984
negative
[négəṭɪv]
否定の，消極的な（⇔ positive）
► **a negative reaction** 否定的な反応

0985 ⚠アクセント
ordinary
[ɔ́ːrdənèri]
普通の，並の
► **in ordinary dress** 普段着で，平服で

0986
simple
[símpl]
簡単な，単純な（⇔ complicated），質素な
simply 副 単に，簡単に
► **a simple structure** 簡単な構造

0987
salty
[sɔ́(ː)lti]
塩辛い，塩気のある
salt 名 塩
► **This tastes a little salty.** これは少し塩辛い。

0983 smart に「（体型が）スマートな」の意味はないよ。

0988 ⚠アクセント **polite** [pəláɪt]	礼儀正しい(⇔ impolite, rude) politely 副 礼儀正しく ► **polite behavior** 礼儀正しい振る舞い
0989 **pure** [pjʊər]	汚れていない，純粋な(⇔ mixed) ► **pure water** きれいな水
0990 **shy** [ʃaɪ]	引っ込み思案の，恥ずかしがりの ► **a shy student** 引っ込み思案の生徒
0991 ⚠発音 **honest** [á(ː)nəst]	正直な(⇔ dishonest) honesty 名 正直 ► **to be honest with you** 本当のことを言うと
0992 ⚠アクセント **instant** [ínstənt]	即時の，即席の 名 瞬間，瞬時 instantly 副 直ちに ► **an instant reply** 即答
0993 **mad** [mæd]	怒って〈at, with ～に〉，狂気の，熱中して〈about, on, over ～に〉 ► **get mad at him** 彼に腹を立てる
0994 **hidden** [hídən]	隠された，秘密の ★hide「を隠す」の過去分詞 ► **discover his hidden talent** 彼の隠された才能を発見する
0995 **roast** [roust]	焼いた，あぶった 動 を(オーブンで)焼く ► **roast chicken** ローストチキン

副詞

0996

immediately [ɪmíːdiətli]

直ちに [≒ at once, right away]

immediate 形 即時の

► **start immediately** 直ちに始める

0997

naturally [nætʃərəli]

自然に，（通例文頭で）当然

nature 名 自然

natural 形 当然の，自然の

► **behave naturally** 自然に振る舞う

0998

rarely [réərli]

めったに〜しない [≒ seldom]（⇔ often）

rare 形 まれな，珍しい

► **Such accidents rarely happen.**
そのような事故はめったに起こらない。

0999

shortly [ʃɔ́ːrtli]

じきに，まもなく

► **shortly after that** その後すぐに

1000

seldom [séldəm]

めったに〜(し)ない [≒ rarely]（⇔ often）

► **We seldom eat out.**
私たちはめったに外食しない。

1000 seldom は否定の意味を含んでいるから not は不要だよ。

でる度 C 差がつく応用単語

Section 11

見出し語番号 1001~1100

動詞

1001 **argue** [ɑ́ːrgjuː]	と主張する，言い争う argument 名 主張，論争 ► **She argued that she was right.** 彼女は自分が正しいと主張した。
1002 ⚠アクセント **concentrate** [kɑ́(ː)nsəntrèɪt]	集中する〈on ～に〉 concentration 名 集中 ► **concentrate on work** 仕事に集中する
1003 **delay** [dɪléɪ]	を遅らせる，を延期する〈*doing* ～すること〉 名 遅れ，延期 ★目的語に to *do* はまれ ► **The train was delayed.** 電車が遅れた。
1004 ⚠発音 **major** [méɪdʒər]	専攻する〈in ～を〉[≒ specialize] 形 主要な，多数の（⇔ minor） majority 名 大多数 ► **major in economics** 経済学を専攻する
1005 **achieve** [ətʃíːv]	を達成する，を成し遂げる achievement 名 達成 ► **achieve a goal** 目標を達成する
1006 **lack** [læk]	(に)欠けている，がない 名 (a ～) 不足 ► **lack enough experience** 十分な経験に欠けている
1007 ⚠アクセント **refer** [rɪfə́ːr]	言及する〈to ～に〉，参照する〈to ～を〉 reference 名 [réfərəns] 言及，参照 ► **refer to his paper** 彼の論文に言及する
1008 **burn** [bəːrn]	燃える，を燃やす 名 やけど，日焼け ► **Paper burns well.** 紙はよく燃える。

1009	
sink [sɪŋk]	沈む（⇔ float），を沈める ★sink-sank-sunk 名（台所などの）流し，シンク ► sink to the bottom 底に沈む

1010 ⚠アクセント	
consist [kənsíst]	成る〈of ～から〉，ある〈in ～に〉 ► consist of five elements 5つの要素から成る

1011	
spill [spɪl]	をこぼす，こぼれる ► spill soup on a dress スープをドレスにこぼす

1012	
mention [ménʃən]	に言及する，を述べる〈that …ということ〉 名 言及，記載 ★他動詞なので後ろに前置詞をとらない ► mention her latest book 彼女の最新刊に言及する

1013	
admit [ədmít]	を（事実・妥当だと）認める（⇔ deny） ► admit *one's* guilt 自分の罪を認める

1014	
blow [bloʊ]	（風が）吹く，に息を吹きかける ★blow-blew-blown ► The north wind began to blow. 北風が吹き始めた。

1015 ⚠アクセント	
pretend [prɪténd]	のふりをする〈to *do* ～する〉 ► pretend to be ill 病気のふりをする

1016	
regret [rɪgrét]	を後悔する 名 後悔　regrettable 形 残念な ► He regrets what he did. 彼は自分がしたことを後悔している。

1012 mention は -tion で終わっているけど名詞だけでなく動詞でもあるよ。

名詞

1017

treatment
[tríːtmənt]

治療，取り扱い

treat 動 を取り扱う，を治療する

► **free medical treatment** 無料診療

1018 ⚠ アクセント

survey
[sə́ːrveɪ]

(詳細な)調査

動 [sərvéɪ] を調査する

► **according to a recent survey** 最近の調査によれば

1019

temple
[témpl]

寺，神殿

★日本の神社はshrine

► **visit temples and shrines in Kyoto** 京都で寺や神社を訪れる

1020

uniform
[júːnɪfɔ̀ːrm]

制服，ユニフォーム

► **be in school uniform** 学校の制服を着ている

1021

agency
[éɪdʒənsi]

代理店

► **a travel agency** 旅行代理店

1022

temperature
[témpərətʃər]

気温，温度，体温

► **the average temperature** 平均気温

1023

trend
[trend]

傾向[≒ tendency]，流行

► **the recent trend toward cashless payment** 最近のキャッシュレス払いへの傾向

1024 ⚠ 発音・アクセント

surface
[sə́ːrfəs]

表面，(the ～)外見

► **the surface of the Earth** 地球の表面

1025

throat
[θroʊt]

のど

► **clear *one's* throat** せき払いする

1026 **profit** [prά(:)fət]	利益，もうけ (⇔ loss) ▶ make a large profit on a new product 新製品で大もうけする
1027 **workplace** [wə́ːrkplèɪs]	(しばしば the ～) 職場，仕事場 ▶ experience in the workplace 職場での経験
1028 **symbol** [símbəl]	象徴，シンボル symbolic 形 象徴的な ▶ a symbol of peace 平和の象徴
1029 **web** [web]	(the Webで) (ワールドワイド) ウェブ [= the World Wide Web]，クモの巣 ▶ be available on the Web ウェブで手に入る
1030 **track** [træk]	線路，走路，(通例 ～s) 通った跡 動 の足跡を追う ★truck「(乗り物の) トラック」との混同に注意 ▶ repair a railroad track 鉄道の線路を修理する
1031 **task** [tæsk]	(課せられた) 仕事 ▶ a difficult task 困難な仕事
1032 **spelling** [spélɪŋ]	つづり，(字を正しく) つづること spell 動 (を) つづる ▶ Be careful of spelling mistakes. スペルミスに気をつけなさい。
1033 **summary** [sʌ́məri]	要約，まとめ summarize 動 を要約する ▶ make a brief summary of her speech 彼女のスピーチを簡略に要約する
1034 **thunderstorm** [θʌ́ndərstɔ̀ːrm]	雷を伴う暴風雨 ★thunder「雷」+ storm「嵐」 ▶ be canceled because of the thunderstorm 暴風雨のため中止される

1032「スペルミス」というのは和製英語なんだね。

1035 ⚠ アクセント **diamond** [dáımənd]	ダイヤモンド ▶ **find the stolen diamonds in his house** 盗まれたダイヤモンドを彼の家で発見する
1036 ⚠ アクセント **manual** [mǽnjuəl]	説明書，マニュアル ▶ **read the manual for my new computer** 私の新しいコンピュータの説明書を読む
1037 ⚠ 発音・アクセント **stomach** [stʌ́mək]	胃，腹 ▶ **My stomach hurts.** おなかが痛い。
1038 **theme** [θiːm]	テーマ，主題 ▶ **the theme of this novel** この小説のテーマ
1039 ⚠ 発音 **thought** [θɔːt]	考え，思考 think 動 (を)考える　thoughtful 形 思慮深い ▶ **express your thoughts clearly** あなたの考えをはっきりと表現する
1040 **victory** [víktəri]	勝利〈over, against ～に対する〉 ▶ **celebrate a victory** 勝利を祝う
1041 ⚠ 発音 **sword** [sɔːrd]	剣，刀 ▶ **attack the monster with a sword** 剣でその怪物を攻撃する
1042 ⚠ アクセント **volume** [vɑ́(ː)ljəm]	音量，分量，(シリーズ本などの)巻 ▶ **turn the volume up [down]** 音量を上げる [下げる]
1043 **effect** [ıfékt]	影響 [≒ influence]，結果 (⇔ cause) effective 形 効果的な ▶ **have a bad effect on school life** 学校生活に悪影響を及ぼす

1044
material
[mətíəriəl]
材料，生地，資料
形 物質の
► the cost of materials 材料費

1045
statement
[stéɪtmənt]
陳述，声明
state 動 をはっきりと述べる
► the following statement 次の陳述

1046 ⚠発音
coast
[koust]
海岸，沿岸
► the West Coast of the United States アメリカ西海岸

1047 ⚠発音
fear
[fɪər]
恐れ，心配
動 を恐れる
► for fear of being arrested 逮捕されるのを恐れて

1048
countryside
[kʌ́ntrisàɪd]
(通例 the ～) 田舎，田園地帯
► live in the countryside 田舎で暮らす

1049
issue
[íʃuː]
(雑誌などの) 第～号，発行，問題
動 を発行する
► the latest issue (雑誌などの) 最新号

1050
condition
[kəndíʃən]
状態，(～s) 状況，条件
conditional 形 条件付きの
► He is in good condition. 彼は体調が良い。

1051
crime
[kraɪm]
犯罪
criminal 名 犯罪者
criminal 形 犯罪の
► commit a crime 罪を犯す

1052
degree
[dɪgríː]
(温度・角度などの) 度，程度
► five degrees below zero 氷点下5度

1037 stomach と ache「痛み」がくっつくと stomachache「腹痛」だよ。

1053

sunlight
[sʌ́nlàɪt]

日光
▶ bright [brilliant] sunlight 明るい［輝く］日光

1054

capital
[kǽpət̬əl]

首都，資本，大文字
形 資本の，主要な
▶ the capital of Japan 日本の首都

1055

behavior
[bɪhéɪvjər]

振る舞い，行動
behave 動 [bɪhéɪv] 振る舞う，行動する
▶ his rude behavior 彼の無礼な振る舞い

1056

childhood
[tʃáɪldhʊ̀d]

子供のころ，幼児期
▶ in *one's* childhood 子供のころに

1057

rate
[reɪt]

比率，割合，速度
▶ a birth rate 出生率

1058 ⚠ アクセント

ancestor
[ǽnsèstər]

祖先（⇔ descendant 子孫）
▶ the roots of my ancestors
私の祖先のルーツ

1059

earthquake
[ə́ːrθkwèɪk]

地震
▶ a severe [slight] earthquake
激しい［弱い］地震

1060

freedom
[fríːdəm]

自由［≒ liberty］
free 形 自由な
▶ freedom of speech 言論の自由

1061

citizen
[sít̬əzən]

市民，国民
citizenship 名 市民権
▶ the citizens of Tokyo 東京都民

1062 entertainment [èntərtéɪnmənt]
娯楽，催し物，もてなし
entertain 動 を楽しませる
► entertainment for children
子供向けの娯楽

1063 frame [freɪm]
額縁，枠
► put a picture in a frame 写真を額に入れる

1064 fare [feər]
（乗り物の）料金
► a train fare 電車賃

1065 fault [fɔːlt] 発音
欠点，誤り
► find fault with her 彼女のあら探しをする

1066 feature [fíːtʃər] 発音
特徴
動 を呼び物とする
► a distinctive feature of this machine
この機械の目立った特徴

1067 honor [ɑ́(ː)nər] 発音
敬意，光栄，名誉（⇔ dishonor）
動 に名誉を与える
► in honor of the inventor
その発明家に敬意を表して

1068 role [roʊl]
（俳優などの）役，役割
► play the leading role 主役を演じる

形容詞

1069 stressful [strésfəl]
ストレスの原因となる，緊張を強いる
stress 名 ストレス
► a stressful experience ストレスとなる経験

0164 fair と 1064 fare，つづりは違うけど発音は同じ！

1070 □□□

thin
[θɪn]

薄い(⇔ thick), 細い, やせた(⇔ fat)
▶ a thin book 薄い本

1071 □□□ ⚠ 発音

worth
[wəːrθ]

価値がある〈*doing* ~する〉
名 価値
▶ This movie is worth seeing.
この映画は見る価値がある。

1072 □□□ ⚠ 発音

tough
[tʌf]

困難な, 頑丈な, 堅い
▶ a tough match 厳しい試合

1073 □□□ ⚠ アクセント

well-known
[wèlnóʊn]

よく知られている, 有名な
▶ work with a well-known researcher
有名な研究者と一緒に仕事する

1074 □□□

thick
[θɪk]

太い, 厚い(⇔ thin)
thicken 動 を太く[厚く]する
▶ a thick rope 太いロープ

1075 □□□

suitable
[súːṭəbl]

適した〈for ~に〉
suit 動 に似合う, 適する
▶ be suitable for beginners
初心者向きである

1076 □□□ ⚠ 発音

square
[skweər]

平方の, 正方形の
名 平方, 正方形, 広場
▶ 100 square meters 100平方メートル

1077 □□□

full-time
[fùltáɪm]

常勤の(⇔ part-time), 専任の
副 常勤で, 専任で
▶ a full-time employee 常勤の従業員

1078 □□□

unfriendly
[ʌ̀nfréndli]

不親切な, よそよそしい(⇔ friendly)
▶ be unfriendly to tourists
旅行者に不親切である

1079

likely
[láɪkli]

(*A* is likely to *do*で) Aは～しそうである，ありそうな (⇔ unlikely)
► **It's likely to rain.** 雨が降りそうである。

1080 アクセント

official
[əfíʃəl]

公式の，正式の，職務上の (⇔ unofficial)
名 公務員
► **an official record** 公式記録

1081

clear
[klɪər]

澄んだ，はっきりした，よく晴れた
動 を片付ける
clearly 副 はっきりと
► **clear water** 澄んだ水

1082

ill
[ɪl]

病気で [≒ sick] (⇔ well)
illness 名 病気
► **be ill in bed** 病気で寝ている

1083

unusual
[ʌnjúːʒuəl]

異常な，普通でない (⇔ usual)
► **unusual weather** 異常な天気

1084 アクセント

specific
[spəsífɪk]

特定の (⇔ general)，明確な
specifically 副 特に
► **specific age groups** 特定の年齢層

1085 アクセント

opposite
[á(ː)pəzɪt]

反対の〈to, from ～と〉
名 正反対の物［人］
前 ～の向かい側に
► **in the opposite direction** 反対方向に

1086 発音

pleasant
[plézənt]

気持ちの良い，快い
please 動 を喜ばせる
pleasure 名 [pléʒər] 喜び，楽しみ
► **a pleasant climate** 気持ちの良い気候

1087 発音

awful
[ɔ́ːfəl]

ひどい
awfully 副 非常に，ひどく悪く
► **an awful error** ひどい誤り

1078 un- には「～でない」という否定の意味があるよ。

1088 **direct** [dərékt]	直接の (⇔ indirect), まっすぐな 動 (を)指揮する, に指図する direction 名 方向, 指示 ► **direct sunlight** 直射日光
1089 ⚠発音 **raw** [rɔː]	未加工の, 生(なま)の ► **raw materials** 原料

副詞

1090 **totally** [tóuṭəli]	完全に, 全く, とても total 形 全体の ► **He's not totally wrong.** 彼が完全に間違っているわけではない。(部分否定)
1091 **surprisingly** [sərpráɪzɪŋli]	驚くほど, 意外にも surprising 形 驚くべき surprise 動 を驚かせる ► **surprisingly expensive** 驚くほど高価な
1092 **wrongly** [rɔ(ː)ŋli]	間違って, 誤って wrong 形 誤った ► **correct words wrongly spelled** 間違ってつづられた語を修正する
1093 ⚠発音 **further** [fə́ːrðər]	もっと遠くに, さらに 形 もっと遠い, なおいっそうの ► **travel further** さらに遠くに旅する
1094 **indeed** [ɪndíːd]	実は [≒ in fact], 本当に [≒ really] ► **Indeed, it's true.** 実はそれは真実なのです。
1095 **extremely** [ɪkstríːmli]	非常に, 極端に extreme 形 極度な ★ very より意味が強く, 形容詞や副詞を強める ► **an extremely boring game** とても退屈なゲーム

1096

perhaps
[pərhǽps]

もしかすると [≒ maybe]
★確信度はprobablyより低い
► **Perhaps he is innocent.**
もしかすると彼は無実かもしれない。

接続詞

1097 アクセント

unless
[ənlés]

…でない限り，…でなければ
★ifと違い，仮定法の文では用いない
► **unless you break the promise**
君がその約束を破らない限り

前置詞

1098

unlike
[ʌnláɪk]

〜と異なって，〜らしくない
► **unlike the usual case** 通常の場合と違って

1099 アクセント

within
[wɪðín]

〜以内で［に］
► **within half an hour** 30分以内で

1100

toward
[tɔːrd]

〜の方へ
★単に「方向」を示し，目標へ「到達する」意味合いが含まれていない点でtoと異なる
► **walk toward the door** ドアの方へ歩いて行く

単語編 でる度 C チェックテスト

1 下線部の語句の意味を答えましょう。

(1) **handle** a glass carefully　グラスを注意深く(　　　　)

(2) **succeed** as a businessperson　実業家として(　　　　)

(3) want to be an **astronaut**　(　　　　)になりたいと思う

(4) be **suitable** for beginners　初心者(　　　　)

2 日本語に合うように(　　)に英単語を入れましょう。

(1) 仕事に集中する　(　　　　) on work

(2) 緊急避難所　an emergency (　　　　)

(3) 取り扱いの難しい問題　a (　　　　) matter

3 下線部の単語の意味と，その反意語を答えましょう。

(1) **sink** to the bottom ⇔ Clouds are (　　　　) away.
底に(　　　　)

(2) a **thin** book ⇔ a (　　　　) rope
(　　　　)本

正解

1 (1) 扱う(→0808)　(2) 成功する(→0916)　(3) 宇宙飛行士(→0834)
(4) 向きである(→1075)

2 (1) concentrate(→1002)　(2) shelter(→0947)　(3) delicate(→0887)

3 (1) floating／沈む(→1009)　(2) thick／薄い(→1070)

熟語編

よくでる重要熟語 200

でる度 A よくでる重要熟語

Section 12

見出し語番号 1101~1200

1101 **take care of ～**	～を世話する [≒ look after ～]
I was asked to **take care of** her baby, but I refused.	彼女の赤ちゃんの面倒を見るように頼まれたが，私は断った。
1102 **take care**	注意する，気をつける
Take care not to be late for school.	学校に遅刻しないように気をつけなさい。
1103 **a few ～**	少数の～，いくつかの～
Bill has been on the school soccer team for **a few** years.	ビルは数年間学校のサッカー部に所属している。
1104 **used to *do***	以前は～であった
There **used to be** a big cherry tree in the garden.	かつて庭には大きな桜の木があった。
1105 **be used to *doing***	～するのに慣れている
My sister moved to France just a few months ago, so she **is** not **used to speaking** French yet.	姉［妹］は2，3か月前にフランスに引っ越したばかりで，まだフランス語を話すのに慣れていない。
1106 **these days**	このごろ
These days, many people do their shopping online.	このごろ，多くの人がインターネットで買い物をする。

1107	
too ... to *do*	～するには…すぎる
You are **too** young **to go** out alone at night. Stay inside.	君は夜1人で外出するには幼すぎる。家にいなさい。

1108	
the way ...	…のやり方
I like what he says, but I don't like **the way** he talks.	彼の言っていることは好きだけれど，彼の話し方は好きではない。

1109	
because of ～	～の理由で
Flight 401 to Los Angeles has been delayed **because of** engine trouble.	ロサンゼルス行き401便は，エンジントラブルのために遅れている。

1110	
get *A* to *do*	Aに～させる
I will **get** my son **to help** me with the dishes.	息子に私の皿洗いを手伝ってもらおう。

1111	
help *A* (to) *do*	Aが～するのを助ける
Learning foreign languages will **help** you **understand** other cultures.	外国語を学ぶことは，あなたが他の文化を理解する助けになる。

1112	
pick up ～	～を拾い上げる，～を取りに行く
Who is the boy **picking up** trash over there?	あそこでゴミを拾っている男の子は誰ですか。

1113	
pay for ～	～の費用を払う
He took a part-time job at his father's company to **pay for** the trip.	彼は旅行の費用を払うために父親の会社でアルバイトをした。

1111 help *A* (to) *do* の to は省略されることが多いよ。

1114	
such as ～	～のような [≒ like]
Today, many convenient foods, **such as** frozen foods and boxed lunches, are getting popular.	今日，冷凍食品や弁当のような多くの便利な食品が人気を得ている。

1115	
so ～ that ...	とても～なので…
I was **so** tired from work **that** I went to bed early.	私は仕事でとても疲れていたので早く寝た。

1116	
each other	お互い [≒ one another]
The young lovers looked at **each other** and smiled.	若い恋人たちはお互いを見つめて，にっこり笑った。

1117	
at first	初めは
At first the branch had only two employees, but now over 50 people work there.	初め，その支店には従業員が2人しかいなかったが，今では50人以上がそこで働いている。

1118	
do *A* good	Aの役に立つ (⇔ do *A* harm)
Getting moderate exercise regularly will **do** you **good**.	定期的に適度な運動をすることはあなたのためになるだろう。

1119	
thank *A* for *B*	AにBを感謝する
Thank you **for** flying with our airline today.	本日は私どもの航空会社をご利用いただきありがとうございます。

1120	
be worried about ～	～を心配する [≒ be concerned about ～]
I heard about the accident in China on the television news, and I **was** very **worried about** him.	私はテレビのニュースで中国での事故のことを聞き，彼のことを大変心配していた。

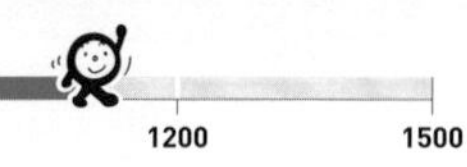

1121

in the past

昔は (⇔ in the future), これまでに

In the past, most people used paper maps.

昔は，ほとんどの人が紙の地図を利用していた。

1122

live on ~

~を常食とする, ~を収入源として生活する

It is said that Japanese people have **lived on** rice for a long time.

日本人は長い間，米を常食としてきたと言われている。

1123

put out ~

(明かり・火) を消す

Please **put out** your cigarette before you go to bed.

寝る前にタバコの火を消してください。

1124

far away

遠くに [へ]

Many children came from **far away** to take his violin lessons.

多くの子供たちが彼のバイオリンのレッスンを受けるために遠くからやってきた。

1125

look like ...

…であるように見える, …しそうだ

It **looks like** it's going to rain, so take an umbrella with you.

雨が降りそうだから傘を持っていきなさいね。

1126

in fact

実際は [≒ actually, indeed]

She said she was OK, but **in fact**, she was badly injured.

彼女は大丈夫だと言ったが，実際はひどいけがをしていた。

1127

find out ~

~を見つけ出す [≒ discover]

Ms. White decided to **find out** which students had played the trick.

ホワイト先生はどの生徒がそのいたずらをしたのかを見つけ出そうと決心した。

1117 at first は，後ろに but などが続いて「初めは（~だが）」という意味を表すよ。

1128	
look up ~	~を調べる
She doesn't know many Japanese words. She often **looks up** new words in a dictionary.	彼女は日本語をあまりたくさんは知らない。彼女はよく辞書で知らない単語を調べる。

1129	
clean up (~)	(~を) すっかりきれいにする
The volunteer group planned an event to **clean up** the beach.	そのボランティアグループはビーチを掃除するイベントを計画した。

1130	
take part in ~	~に参加する [≒ participate in ~]
If we had been in Venice one month earlier, we could have **taken part in** the carnival.	もし1か月早くベニスに行っていたら，私たちはカーニバルに参加できただろうに。

1131	
keep (on) *doing*	~し続ける
They **kept on cheering** up each other until a rescue team came.	彼らは救助隊が来るまでお互いを励まし続けた。

1132	
put on ~	~を着用する (⇔ take off ~)
Put on warm clothes so you won't catch a cold.	風邪をひかないように暖かい服を着なさい。

1133	
get married (to *A*)	(Aと) 結婚する
She is going to **get married to** my cousin next month.	彼女は来月私のいとこと結婚する予定だ。

1134	
be afraid of ~	~を恐れる
I don't know why, but I **was afraid of** the dark when I was little.	理由はわからないが，私は幼いころ暗闇が怖かった。

1135

have time to *do*

～する時間を持つ

He got up late this morning, so he didn't **have time to eat** breakfast.

今朝彼は寝坊してしまったので，朝食を取る時間がなかった。

1136

have enough *A* to *do*

～するのに十分なAを持っている

The little girl didn't **have enough** money **to buy** that doll.

その小さな女の子はその人形を買うのに十分なお金を持っていなかった。

1137

work for ～

～で働く

I am very lucky to have a chance to **work for** this company.

私はこの会社で働く機会を得てとても幸運だ。

1138

work on ～

～に取り組む

He was busy **working on** his history paper all weekend.

彼は歴史の論文に取り組むのに週末ずっと忙しかった。

1139

pick *A* up

Aを車で迎えに行く［来る］

My mother will **pick** me **up** at the station tomorrow morning.

明日の朝，母が駅まで車で迎えに来てくれる予定だ。

1140

the first time ...

初めて…する［した］とき

Most people feel uneasy **the first time** they use the machine.

初めてその機械を使うとき，たいていの人は不安になるものだ。

1141

right away

直ちに［≒ at once］

You look terrible. You should see a doctor **right away**.

ひどく調子悪そうだね。医者にすぐ診てもらった方がいいよ。

1132 put on ～ は「身につける」という動作を表すよ。「着ている」という状態を表す wear との違いに注意しようね。

1142	
in order to *do*	～するために
In order to get enough water into our bodies, we need to drink some water after taking a bath.	体内に十分な水分を摂取するために，私たちは入浴後に水を飲む必要がある。

1143	
on time	時間通りに
Whether he comes or not, we will start the meeting **on time**.	彼が来ても来なくても，私たちは時間通りに会議を始めよう。

1144	
see (to it) that ...	必ず…するように取り計らう
See to it that dinner is ready by seven.	7時までに必ず夕食の準備をしておくようにしなさい。

1145	
happen to *do*	たまたま～する
I **happened to hear** the news of the accident on my way home.	私は家に帰る途中，その事故のニュースをたまたま耳にした。

1146	
far from ～	～から遠い
You can walk to the station because it's not **far from** here.	駅はここから遠くないので歩いて行けますよ。

1147	
be ready for ～	～の用意ができている
She got all dressed up and **was ready for** her date.	彼女はすっかりおめかしして，デートの準備ができていた。

1148	
make a reservation	予約する
I'd like to **make a reservation** for two people at six tonight.	今晩6時に2人で予約をしたいのですが。

1149

help *A* with *B*

AのBを手伝う

Would you please **help** me **with** my math homework?

どうか私の数学の宿題を手伝ってもらえませんか。

1150

get lost

道に迷う [≒ lose *one's* way]

How did they travel long distances without **getting lost**?

彼らはどうやって道に迷うことなく長い距離を移動したのだろうか。

1151

have a baby

赤ちゃんができる，子供を産む

She told her husband that they were going to **have a baby** next spring.

彼女は夫に来年春に子供が産まれると話した。

1152

what to *do*

何を～すべきか

We canceled our picnic, so we had to think about **what to do** instead.

私たちはピクニックを中止したので，代わりに何をすべきか考えなければならなかった。

1153

the last *A* to *do*

最も～しそうにないA

I believe him because he would be **the last** person **to tell** a lie.

彼は最もうそをつきそうにない人だから，僕は彼の言うことを信じるよ。

1154

instead of ～

～の代わりに，～しないで

Thanks to computers, more people can work at home **instead of** working at the office.

コンピュータのおかげで，ますます多くの人々が会社で働く代わりに家で仕事をすることができる。

1155

take *A* for *B*

AをBと間違える

My wife got angry because he **took** her **for** my mother.

彼は私の妻を私の母と間違えたので，妻は怒った。

what to do は「何をすべきか」，where to go は「どこへ行くべきか」，when to do は「いつするべきか」を表すよ。

1156	
as well	もまた [≒ too, also]
There are such search-and-rescue teams in Japan **as well**.	日本にもまたそのような捜索救助隊がある。

1157	
turn off ~	(テレビ・明かりなど)を消す，(水など)を止める(⇔ turn on ~)
When you leave this room, make sure you **turn off** all the lights.	この部屋を出るときには，必ずすべての明かりを消してください。

1158	
come out	(太陽・月などが)出る，(花が)咲く
Sunday morning will be cloudy, but the sun may **come out** in the afternoon.	日曜日の午前中は曇りですが，午後は日が出るかもしれません。

1159	
next to ~	～の隣に
Next to the river they are building a new business area.	その川に隣接して，新しい商業地区が建設されている。

1160	
have fun	楽しむ
We **had** a lot of **fun** playing games together after dinner.	私たちは夕食後一緒にゲームをして大いに楽しんだ。

1161	
a piece of ~	1個 [1本，1枚] の～
The journalist was taking notes on **a piece of** paper.	その記者は1枚の紙にメモを取っていた。

1162	
so that *A* can [will] *do*	Aが～できるように [～するように]
The speaker spoke clearly **so that** the audience **could understand** her well.	講演者は聴衆がよく理解できるように，はっきりと話した。

1163 on sale	売り出し中で
These items are **on sale** only during summer.	これらの品物は夏限定で販売されている。

1164 get better	体調が良くなる，上手になる
Last week my father was sick in bed with a bad cold, but now he is **getting better**.	先週，父はひどい風邪で寝込んでいたが，今は良くなってきている。

1165 throw away ～	～を捨てる
Where should I **throw away** this empty can?	どこにこの空き缶を捨てたらよいのですか。

1166 do well	うまくいく，成功する
Rose was unhappy because she didn't **do well** in her exams.	ローズは試験がうまくいかなかったので，悲しかった。

1167 even if ...	たとえ…でも
I'll go and watch the game **even if** it rains.	私はたとえ雨が降っても，その試合を見に行くつもりだ。

1168 one of the ～ *A*	最も～（形容詞の最上級）なA（複数名詞）のうちの1つ
Soon it became **one of the** most popular restaurants in the town.	まもなくそれは町で一番人気のあるレストランの1つになった。

1169 where to *do*	どこへ［に，で］～すべきか
They haven't decided on **where to stay** in London yet.	彼らはロンドンでどこに滞在するかまだ決めていない。

one of ～「～の１つ」の後ろにくる名詞は必ず複数形になるよ。

1170	
search *A* for *B*	Bを求めてA(場所)を探す
She **searched** all over her house **for** her missing car key.	彼女は，なくなった車の鍵を求めて家中を探した。

1171	
thanks to ～	～のおかげで
Thanks to the new amusement park, the city has become popular with visitors again.	新しい遊園地のおかげで，その都市は観光客に再び人気が出た。

1172	
be different from ～	～と異なる
My opinion **is different from** yours.	私の意見はあなたのとは違う。

1173	
sound like ～	～のようだ， ～のように聞こえる
That doesn't **sound like** a fun way to spend a weekend.	それは週末を過ごす楽しい方法ではなさそうだね。

1174	
on foot	徒歩で
I usually take the train, but I go to work **on foot** when I have time.	私は普通は電車に乗るが，時間があるときには歩いて通勤する。

1175	
except for ～	～を除いては
Except for the king, no one was allowed to sit on that chair.	王を除いては，誰もそのいすに座ることは許されていなかった。

1176	
take off ～	(身につけていた物)を脱ぐ， とる (⇔ put on ～)
You had better **take off** your coat in the room.	部屋の中ではコートを脱いだ方がよい。

1177

get ready for ～

～の準備をする

I have to **get ready for** my trip to England tonight.

今夜私はイングランド旅行の準備をしなければならない。

1178

think about *doing*

～しようかなと思う [≒ think of *doing*]

She is **thinking about traveling** around India this summer.

彼女は今年の夏にインドを旅して回ろうと考えている。

1179

for free

無料で [≒ for nothing]

The doctor decided to treat injured people **for free**.

医者は負傷者たちを無料で治療することにした。

1180

a number of ～

たくさんの～ [≒ many], いくつかの～ [≒ several]

Recently, **a number of** women have started taking over men's jobs.

最近，多くの女性が男性の仕事を代わってし始めている。

1181

ask for ～

～を求める

You should **ask for** a second opinion when you decide on something.

君は何かを決めるとき，他の人の意見を求めるべきだ。

1182

set up ～

～を設立する [≒ establish], ～を立てる

The government has **set up** a committee to investigate the plane crash.

政府はその飛行機事故を調査する委員会を設置した。

1183

come up with ～

～を思いつく

Children sometimes **come up with** funny ideas and surprise their parents.

子供たちは時々おかしな考えを思いつき，親たちを驚かせることがある。

「靴を脱ぐ」「帽子をとる」「メガネをはずす」などもすべて **1176** take off ～ で表すよ。

1184	
at least	少なくとも (⇔ at (the) most)
It took them **at least** five years to build the bridge.	その橋を建設するのに彼らは少なくとも5年を要した。

1185	
a variety of ～	さまざまな～ [≒ various]
Plastics thrown away in our daily lives create **a variety of** environmental problems.	私たちの日常生活で捨てられているプラスチックはさまざまな環境問題を引き起こす。

1186	
look after ～	～の世話をする [≒ take care of ～]
His school decided to **look after** the kitten and kept it in the teachers' room.	彼の学校はその子猫の世話をすることにし，職員室でそれを飼った。

1187	
along with ～	～と一緒に
The volunteer group sent us a lot of medicine **along with** food and water.	そのボランティアグループは私たちに，食糧や水と一緒にたくさんの薬を送ってきた。

1188	
go into ～	～の中に入る
They showed their tickets and **went into** the theater to see the musical.	彼らはチケットを見せて，そのミュージカルを見るために劇場に入った。

1189	
take place	行われる，起こる
The graduation ceremony **took place** on March 1.	卒業式は3月1日に行われた。

1190	
give up (～)	(～を) あきらめる
This mountain is too high. Let's **give up** our plan to climb it.	この山は高すぎる。登山計画を断念しよう。

1191

a couple of ～

2，3の～，2つの～

I'm going to stay in London for **a couple of** weeks.

私はロンドンに2，3週間滞在する予定だ。

1192

translate *A* into *B*

AをBに翻訳する

I'd like you to **translate** this passage **into** English.

あなたにこの文章を英語に翻訳してもらいたいのですが。

1193

on earth

（疑問詞を強めて）一体全体

Why **on earth** did you make such a mistake?

一体全体あなたはどうしてそんな失敗をしたのですか。

1194

be in the hospital

入院している

The coach **is in the hospital** with a broken leg.

コーチは脚の骨折で入院している。

1195

decide on ～

～に決める

We have **decided on** leaving this town tomorrow morning.

私たちは，明日の朝この町を去ることに決めた。

1196

(all) by *oneself*

1人きりで[≒ alone]，独力で

Since there were no other teammates in the gym, she started to practice **by herself**.

体育館には他のチームメートが誰もいなかったので，彼女は1人で練習し始めた。

1197

try on ～

～を試着する

Why don't you **try on** this jacket and see if it fits you?

この上着を試着してあなたにサイズが合うかどうか見てみたらどうですか。

1190 give up の目的語が動詞のときは，give up *doing* と動名詞の形になるんだ。

1198 □□□ show *A* how to *do*	*A*に〜する方法を教える
Thank you for **showing** me **how to send** e-mails on the computer.	コンピュータでメール**を送る方法を教えて**いただき，ありがとうございます。

1199 □□□ on *one's* [the] way (to 〜)	(〜へ行く)途中で
Can you mail this letter **on your way to** school?	学校**に行く途中で**，この手紙を投函(かん)してもらえますか。

1200 □□□ spend *A* on *B*	*B*に*A*(お金・時間など)を使う
He always tells his children to **spend** money **on** only necessary things.	彼は必要なものだけ**に**お金**を使う**ように子供たちにいつも言う。

● un-をつけて反対語に

単語の前にun-をつけると反対の意味の語になることがあります。たとえば，friendlyに対してunfriendly(→**1078**)，usualに対してunusual(→**1083**)。形容詞だけでなく前置詞like「〜のように」にも，unlike(→**1098**)「〜と異なって」があります。また，like→dislike(→**0811**)のようにdis-をつけて反対語を作る場合もあります。さらに，dependent「依存した」→independent(→**0785**)「自立した」，polite(→**0988**)→impoliteのようにin-やim-をつける場合や，nonsmoking(→**0786**)のようにnon-をつける場合もあります。そう言えば，日本語でも「不合理」「非常識」「無理解」など，似たようなケースがありますね。

でる度 A よくでる重要熟語

Section 13

見出し語番号 1201~1300

1201	
than usual	いつもより
Since there was a lot more traffic **than usual** this morning, I was late getting to my office.	今朝はいつもよりずっと交通量が多かったので，私は会社に着くのが遅れた。

1202	
walk around ～	～を歩き回る
It is fun to **walk around** a town we don't know much about.	あまりよく知らない町を歩き回るのは楽しい。

1203	
up to ～	～次第である
It is **up to** you to decide whether you will study abroad or not.	留学するかどうかを決めるのは君次第だ。

1204	
be similar to ～	～と似ている
This event **is similar to** summer festivals in Japan.	この行事は日本の夏祭りと似ている。

1205	
fall asleep	寝入る
He **fell asleep** while driving and almost caused an accident.	彼は運転中に居眠りをして事故を起こしそうになった。

1206	
so far	今までのところ [≒ up to now]
I agree with everything she has said **so far**.	私は彼女が今まで言ってきたことすべてに同意見だ。

1203 up to ～ には他に「～まで」という意味もあるよ。

1207	
A* as well as *B	**Bはもちろんのこと Aも** [≒ not only *B* but also *A*]
I like classical music **as well as** jazz.	私はジャズはもちろんのことクラシック音楽も好きだ。

1208	
be sure to *do*	**必ず～する**
After using the dictionaries, please **be sure to put** them back where they were.	辞書を使い終わったら，必ずそれらを元あった場所に戻してください。

1209	
graduate from ～	**～を卒業する**
He **graduated from** university and started to work for a bank.	彼は大学を卒業して，銀行で働き始めた。

1210	
be popular with [among] ～	**～に人気がある**
The math teacher **is popular with** the students because his lessons are interesting.	授業が面白いので，その数学の先生は生徒に人気がある。

1211	
in the end	**最後には，結局** (⇔ in the beginning)
My brother tried many times to pass the examination, and **in the end**, he succeeded.	兄[弟]は何度も試験に挑戦して，最後には合格した。

1212	
not *A* but *B*	**AではなくB**
My uncle is **not** a dentist **but** a physician.	私のおじは歯科医ではなく，内科医だ。

1213	
together with ～	**～に加えて，～と一緒に**
Together with Britain, France may stop accepting waste from the country.	イギリスに加えて，フランスもその国からの廃棄物の受け入れを停止するかもしれない。

1214 □□□ **for the first time**	初めて
When I saw an elephant **for the first time**, I was surprised at its size.	初めてゾウを見たとき，私はその大きさに驚いた。
1215 □□□ **feel like *doing***	～したい気がする
I'm sorry, I don't **feel like talking** right now.	悪いけど，僕は今，話をしたい気分ではないんだ。
1216 □□□ **apply for ～**	～に応募する
The young man **applied for** a job to pick apples on a farm this fall.	その若者は今年の秋，農園でリンゴを摘む仕事に応募した。
1217 □□□ **due to ～**	～が原因で
Some low-income families will receive more money **due to** the changes in the law.	低所得の家庭の中には法律の変更によってもっと多くのお金を受け取る家庭もあるだろう。
1218 □□□ **make out ～**	～を理解する
She couldn't **make out** what her friends were talking about.	彼女は友達が何について話しているのかわからなかった。
1219 □□□ **by the time ...**	…するときまでに
By the time she arrived, we had finished cleaning.	彼女が到着するまでに，私たちは掃除を終えていた。
1220 □□□ **check in**	チェックインする（⇔ check out）
We **checked in** at the hotel in front of the museum.	私たちは美術館前のホテルにチェックインした。

1219 by the time の後ろには文がくるよ。
前置詞 by「～までには」の意味と同じだね。

1221 □□□ look over ~	~をざっと調べる
It will take me more than three hours to **look over** the document.	私がその書類にざっと目を通すのに3時間以上かかるだろう。
1222 □□□ **keep up with ~**	~に遅れないでついていく
Keeping up with world affairs by reading newspapers is very important.	新聞を読んで世界情勢に遅れずについていくことは非常に大切なことだ。
1223 □□□ **on (the [an]) average**	平均して
On average my father works 50 hours a week.	私の父は平均して週に50時間働く。
1224 □□□ **come down**	降りてくる，下がる(⇔ go up)
I found that my cat climbed up a tree and could not **come down**.	私は飼い猫が木に登り，降りてこられないことがわかった。
1225 □□□ **go over ~**	~を見直す，~を詳細に調べる
Before we start, let's **go over** the main points of the last discussion.	始める前に，前回の話し合いの要点をもう一度復習しておきましょう。
1226 □□□ **run after ~**	~を追いかける
The police officer **ran after** the thief and finally caught him.	警官は泥棒を追いかけ，最後には捕まえた。
1227 □□□ **turn down ~**	~を断る [≒ refuse, reject]
I'm afraid she will **turn down** my request.	彼女が私の頼みを断るのではないかと心配している。

1228

introduce *A* to *B*

*A*を*B*に紹介する

By showing this film, the director tries to **introduce** various cultures **to** people.

この映画を見せることによって，監督はさまざまな文化を人々に紹介しようとしている。

1229

get on ~

（電車・バス・飛行機など）に乗る（⇔ get off ~）

Who is that gentleman **getting on** the plane?

飛行機に乗りこんでいるあの紳士は誰ですか。

1230

add *A* to *B*

*A*を*B*に加える

My father usually **adds** some milk **to** his coffee, but this morning he drank it black.

父は普通コーヒーに牛乳を入れるが，今朝はブラックで飲んだ。

1231

complain about ~

～について不平［苦情］を言う［≒ complain of ~］

He is not my type because he is always **complaining about** everything.

いつもすべてのことに不平を言っているから，彼は私のタイプではない。

1232

have time for ~

～のための時間を持つ

We spent most of the time shopping and **had** no **time for** sightseeing.

私たちはほとんどの時間を買い物に費やし，観光のための時間が全くなかった。

1233

hear from ~

～から連絡を受ける，～から便りをもらう

I haven't **heard from** her since she moved to New York.

彼女がニューヨークに引っ越してから，連絡をもらっていない。

1234

line up

列を作る

At that station, there were a lot of people **lining up** for a taxi.

その駅では，タクシーのために列を作っている人々が多くいた。

何に「乗る」かで，**1229** get on と **1340** get in を使い分けるんだ。

1235	
take over ~	~を引き継ぐ
You are supposed to **take over** the family business.	あなたは家業を継ぐことになっているのです。

1236	
as soon as ...	…するとすぐに
I will send you an e-mail **as soon as** we decide the date and place for the party.	パーティーの日にちと場所が決まったらすぐにメールを送りますね。

1237	
call (*A*) back	(Aに)電話をかけ直す
Could you tell her to **call** me **back** when she comes home?	帰宅したら私に電話をかけ直してくれるように彼女に伝えてもらえますか。

1238	
go to the doctor	医者に診てもらう
She **went to the doctor** and the doctor told her to rest for a while.	彼女は医者に診てもらったところ，医者は彼女に少し休むように言った。

1239	
in a group	グループで
I think studying **in a group** is much better than studying alone.	私はグループで勉強する方が1人で勉強するよりもずっと良いと思う。

1240	
not only *A* but (also) *B*	Aばかりでなく Bもまた [≒ *B* as well as *A*]
In the West, bread is **not only** considered a kind of food, **but** it is **also** a symbol for food in general.	西洋ではパンは単に食べ物の一種と考えられているだけでなく，食べ物全般の象徴でもある。

1241	
shake hands	握手をする
She was proud that she had **shaken hands** with the President of the U.S.	彼女はアメリカ大統領と握手したことを自慢していた。

300 600 900 1200 1500

1242
tell *A* how to *do*
Aに～する方法を教える

Could you **tell** me **how to get** to the nearest station?
最寄りの駅までの行き方を教えていただけますか。

1243
see if ...
…かどうか確かめる

Let's **see if** swimming every day is good for our health.
毎日泳ぐことが健康に良いかどうか確かめてみよう。

1244
for instance
例えば [≒ for example]

For instance, it is becoming increasingly difficult to book flights during the summer holidays.
例えば，夏休み中に飛行機の予約を取ることはますます難しくなっている。

1245
fill out ～
～に書き込む [≒ fill in ～]

Please **fill out** this application form.
この申し込み書に記入してください。

1246
would like *A* to *do*
Aに～してもらいたい

I **would like** you **to give** a helping hand to people in need.
私はあなたがたに困っている人に救いの手を差しのべていただきたいのです。

1247
grow up to be ～
成長して～になる

My daughter might **grow up to be** a writer, as she loves writing.
私の娘は書くことが大好きなので，ひょっとすると大きくなって作家になるかもしれない。

1248
by mistake
間違って

Oh no! I've taken someone else's umbrella **by mistake**.
しまった！　他の人の傘を間違って持ってきてしまったよ。

1246 would like *A* to *do* は want *A* to *do* の丁寧な言い方だよ。

1249	
take [have] a break	休憩する
Let's **take a break** for about ten minutes. I'll make coffee for you.	10分間ほど休憩しよう。僕がコーヒーを入れてあげるよ。

1250	
as ~ as possible	できるだけ~ [≒ as ~ as *A* can]
Please write me back **as** soon **as possible**.	できるだけ早く返事をください。

1251	
make sure (that) ...	…であることを確実にする
Make sure that everything is ready for the party by five.	必ず5時までにパーティーの準備がすべてできているようにしてください。

1252	
... enough to *do*	~するのに十分…
I envy you because you are rich **enough to buy** such an expensive car.	そんなに高い車を買えるほどの金持ちだから君がうらやましい。

1253	
prefer *A* to *B*	BよりAを好む [≒ like *A* better than *B*]
Nowadays more and more people **prefer** country life **to** city life.	今日では都会の暮らしより田舎の暮らしを好む人がますます多くなっている。

1254	
go ahead	先に行く
Go ahead and wait at the porch. I'll be there in a minute.	先に行って玄関で待っていてください。すぐに行きます。

1255	
the same *A* as *B*	Bと同じA
I graduated from college in **the same** year **as** your father.	私はあなたのお父さんと同じ年に大学を卒業した。

1256

for fun

遊びで

Don't forget we've come here on business, not **for fun**.

遊びでではなく仕事でここに来ていることを忘れないように。

1257

stop by (～)

(～に)立ち寄る [≒ drop by]

In that case, I'll **stop by** your house on the way home.

そういうことなら，僕が家に帰る途中で君の家に立ち寄ろう。

1258

cut down ～

(木など)を切り倒す，(出費など)を減らす

In order to keep the fire from spreading, the firefighters began to **cut down** trees in the forest.

火事が広がらないように，消防士たちは森の木を切り倒し始めた。

1259

at a [one] time

一度に，一回につき

This screen is capable of showing up to 24 pictures **at a time**.

このスクリーンは一度に24枚まで写真を写すことができる。

1260

before long

まもなく [≒ soon]

Our English teacher is going to go back to England **before long**.

私たちの英語の先生はまもなくイングランドに戻る予定である。

1261

by chance

偶然に [≒ by accident] (⇔ on purpose)

I met an old friend at the station **by chance** yesterday.

昨日，私は駅で偶然に昔の友達に会った。

1262

exchange *A* for *B*

AをBと交換する

Since the shoes were too small for him, he **exchanged** them **for** larger ones.

その靴は小さすぎたので，彼はそれをもっと大きいものと交換した。

1256 for fun「遊びで」の気分で学ぶ方が，英語は早く身につくかもしれないね。

1263	
in addition to ~	~に加えて
In addition to English, my brother can speak German fluently.	兄[弟]は英語**に加えて**，ドイツ語も流暢に話せる。

1264	
make a mistake	間違える
Don't be afraid of **making mistakes** when you speak English.	英語を話すときには**間違える**ことを恐れてはいけません。

1265	
in a hurry	急いで
My sister dressed herself for the party **in a hurry**.	姉[妹]は**急いで**パーティー用の服に着替えた。

1266	
in time (for ~)	(~に)間に合って
The train was delayed, but we came **in time for** the meeting.	電車は遅れたが，私たちは会議**に間に合って**到着した。

1267	
***A*, *B*, and so on**	AやBなど
The mother told her son to buy notebooks, pencils, erasers, **and so on**.	その母親は息子にノートや鉛筆，消しゴム**など**を買うように言った。

1268	
be responsible for ~	~に対して責任がある
The video shows which person **is responsible for** the accident.	その映像を見れば，どの人がその事故**に対して責任がある**のかがわかる。

1269	
by nature	生まれつき
My big brother is, **by nature**, an optimist.	私の兄は**生来の**楽天家だ。

1270 □□□
on purpose
わざと
(⇔ by accident, by chance)

I broke this vase, but I didn't do it **on purpose**.
この花びんを割ったのは僕だけど，わざとやったんじゃないよ。

1271 □□□
at the (very) moment
(現在形で)(ちょうど)今，(過去形で)(ちょうど)そのときに

Sorry, but she's out shopping for some groceries **at the moment**.
ごめんなさい。彼女はちょうど今雑貨を買いに外出中なのです。

1272 □□□
send out ～
～を発送する，～を派遣する

The secretary **sends out** a lot of e-mails every day.
その秘書は毎日多くのメールを送信する。

1273 □□□
put down ～
～を書き留める
[≒ write down ～]

I **put down** his address in my diary.
私は手帳に彼の住所を書き留めた。

1274 □□□
look forward to *doing*
～することを楽しみに待つ

The children are **looking forward to having** a barbecue at the beach.
子供たちはビーチでバーベキューをするのを楽しみにしている。

1275 □□□
be in trouble
困っている

Just remember that I will always stand by you if you **are in trouble**.
あなたが困っている場合は，いつも私があなたの力になるということをぜひ覚えておいてください。

1276 □□□
all (the) year round [around]
一年中

The house where the writer was born is open to the public **all the year round**.
その作家の生家は一年中，一般公開されている。

1266 in time と **1143** on time の違いに注意しよう。

1277

be about to *do*

まさに～するところである

She **was about to leave** home when the phone began ringing.

電話が鳴り始めたとき，彼女はちょうど外出するところだった。

1278

be typical of ～

～に特有である，
～に典型的である

It **is typical of** him to be late for meetings.

会議に遅れるのは彼によくあることだ。

1279

by the side of ～

～のそばに

He parked his car **by the side of** the road because there was something wrong with the engine.

エンジンが不調だったので彼は車を道端に停めた。

1280

come to life

意識を回復する，活気づく

The rugby player **came to life** about three hours after the operation.

そのラグビー選手は手術から3時間ほどして意識を回復した。

1281

compare *A* with [to] *B*

AをBと比べる

After the math exam, she **compared** her answers **with** those of her friends.

数学の試験の後で，彼女は自分の答えを友人たちの答えと比べた。

1282

cut off ～

～を切り離す［切り取る］

After she broke up with her boyfriend, she **cut off** her hair.

彼女は恋人と別れた後，髪を切った。

1283

do *A* a favor

Aに親切な行為をする

Would you **do** me **a favor**?

お願いしたいことがあるのですが。

1284 do the laundry	洗濯をする
It looks like rain, so it would be better not to **do the laundry** today.	雨が降りそうだから，今日は洗濯をしない方がいいでしょう。
1285 drop by (～)	(～に)ひょいと立ち寄る [≒ stop by]
Feel free to **drop by** whenever you want.	来たいときはいつでも気軽に立ち寄ってください。
1286 focus on ～	～に焦点を絞る，～に注意を集中する
Let's **focus on** problems with the plan in our next discussion.	次の話し合いではその計画の問題点に焦点を絞りましょう。
1287 go out	外出する
She **went out** for lunch, but she should be back here in a few minutes.	彼女は昼食のために外に出たが，数分でここに戻ってくるはずだ。
1288 lose sight of ～	～を見失う
The student **lost sight of** his goal and didn't know what to do next.	その学生は自分の目標を見失い，次に何をすべきかわからなかった。
1289 put off ～	～を延期する [≒ postpone]
We had to **put off** the soccer game because of bad weather.	私たちは悪天候のためにサッカーの試合を延期しなければならなかった。
1290 show off ～	～を見せびらかす
I don't like the way he **shows off** everything he wears.	私は，自分の身につけているものは何でも見せびらかす彼のやり方が好きではない。

1284 do the laundry と似た表現として do the dishes「お皿を洗う」があるよ。

1291	
stay away from ～	～に近づかないでいる，～を控える
Stay away from a barking dog. It might bite you.	ほえている犬に近づいてはいけません。あなたに噛みつくかもしれません。
1292	
as you know	知っての通り
As you know, your basketball coach is now in the hospital because of his injury.	知っての通り，皆さんのバスケットボールのコーチは現在けがのため入院中です。
1293	
be over	終わっている
Since the mid-term exams **are over**, let's go somewhere and have fun!	中間テストが終わったから，どこかに行って楽しもうよ！
1294	
make friends with *A*	Aと友達になる
It took him only one day to **make friends with** his classmates at the new school.	彼は新しい学校でクラスメートと友達になるのに１日しかかからなかった。
1295	
be made from ～	～で作られている
She loves cheese **made from** goat milk.	彼女はヤギの乳で作られたチーズが大好きだ。
1296	
run away	逃げる
A monkey **ran away** from the zoo yesterday and it has not been found yet.	昨日サルが動物園から逃げたが，まだ見つかっていない。
1297	
a pair of ～	１対の～，１組の～
I'm looking for **a** new **pair of** soccer shoes for my son.	私は息子用の１足の新しいサッカーシューズを探しています。

1298	
once a week	週に1度
Once a week she visits the kindergarten and reads some fairy tales to the children.	週に1度，彼女はその幼稚園を訪れて子供たちにおとぎ話を読んであげている。

1299	
fall down	転ぶ，落ちる
She **fell down** many times while she was skiing.	彼女はスキーをしているとき何度も転んだ。

1300	
in a minute	すぐに
I'm sorry, ma'am. I'll bring your order **in a minute**.	お客さま，申し訳ございません。ご注文のものをすぐに持ってまいります。

●「単語＋単語」で新しい単語？

2つの単語から新しい単語が誕生することがあります。例えば，playground (→0276) はplay「遊ぶ」とground「土地」が結びついた語。他にseafood(→0534)，sunshine(→0636)など，いろいろありますね。firework(→0363)はfire「火」で作ったwork「(芸術)作品」ということから「花火」です。broadcast(→0512)はbroad「広く」情報などをcast「投げる」ことから「放送する」。thunderstorm (→1034) は「雷」と「嵐」からその威力が思い浮かびます。最近では，homestay (→0451) やonline (→0088) やsmartphone (→0159) などが新しい語として誕生しました。おや，これらは全部，日本語ではカタカナ語ですね。

チェックテスト

1 下線部の語句の意味を答えましょう。

(1) Who is the boy **picking up** trash over there?
あそこでゴミ(　　　　)男の子は誰ですか。

(2) **In the past**, most people used paper maps.
(　　　　)，ほとんどの人が紙の地図を利用していた。

(3) Oh no! I've taken someone else's umbrella **by mistake**.
しまった！　他の人の傘を(　　　　)持ってきてしまったよ。

(4) **Put on** warm clothes so you won't catch a cold.
風邪をひかないように暖かい服(　　　　)。

2 日本語に合うように(　　)に英単語を入れましょう。

(1) かつて庭には大きな桜の木があった。
There (　　　　) (　　　　) (　　　　) a big cherry tree in the garden.

(2) これらの品物は夏限定で販売されている。
These items are (　　　　) (　　　　) only during summer.

(3) 私はジャズはもちろんのことクラシック音楽も好きだ。
I like classical music (　　　　) (　　　　) (　　　　) jazz.

正解

1 (1) を拾っている(→1112)　(2) 昔は(→1121)　(3) 間違って(→1248)
(4) を着なさい(→1132)

2 (1) used to be(→1104)　(2) on sale(→1163)　(3) as well as(→1207)

熟語編

差がつく応用熟語 200

でる度 B 差がつく応用熟語

Section 14

見出し語番号 1301~1400

1301 **on *one's* [the] way home**	家に帰る途中で
She did the shopping for dinner **on her way home** from work.	彼女は仕事から家に帰る途中，夕食の買い物をした。
1302 **across from ~**	~の真向かいに，~の向こう側に
The hair salon is just **across from** the hospital.	その美容院は病院のちょうど真向かいにある。
1303 **after a while**	しばらくして
After a while, people lost interest in the scandal.	しばらくすると，人々はそのスキャンダルへの興味を失った。
1304 **be away**	留守にする
Who will take care of your cat while you **are away** on a trip?	あなたが旅行で留守にする間，誰があなたの猫の世話をするのですか。
1305 **get out of ~**	~から出る，(車など)を降りる
The girl wanted to **get out of** the pool as quickly as possible.	その女の子はできるだけ急いでそのプールから出たかった。
1306 **have a chance to *do***	~する機会を持つ
Whenever I **have a chance to relax**, I go hiking in the nearby valley.	リラックスできる機会があるときにはいつでも，私は近くの谷にハイキングに行く。

1307	
run into ～	～と偶然出会う
Yesterday he **ran into** an old friend of his on the way home from work.	昨日，彼は仕事から帰る途中，偶然旧友と出会った。

1308	
sleep well	よく眠る
She could not **sleep** very **well** last night because she was worried about her daughter.	彼女は娘のことが心配で昨晩あまりよく眠れなかった。

1309	
some other time	いつか別のときに
Since it is raining today, let's go hiking **some other time**.	今日は雨が降っているので，ハイキングはまた別のときに行きましょう。

1310	
take *A* out of *B*	BからAを取り出す
Look at the girl **taking** a plastic bottle **out of** her bag.	バッグからペットボトルを取り出している女の子を見てください。

1311	
suffer from ～	～の病気にかかる，～に苦しむ
She had to stay home last week because she was **suffering from** the flu.	彼女は先週インフルエンザにかかっていたので家にいなければならなかった。

1312	
in particular	特に [≒ especially] (⇔ in general)
This work requires some knowledge of foreign languages, Spanish **in particular**.	この仕事には外国語，特にスペイン語の知識が必要だ。

1313	
be based on ～	～に基づいている
His new novel **is based on** his own experiences.	彼の今度の小説は彼自身の体験に基づいている。

1305 get out of a car は「車を降りる」。「車に乗る」は get in [into] a car で表すよ。

1314	
bring back ~	～を持ち［連れ］帰る
When you come back from your business trip, don't forget to **bring back** some souvenirs.	出張から帰ってくるときにはおみやげを持ち帰るのを忘れないでね。

1315	
no longer ~	もはや～でない
Dinosaurs are **no longer** alive, but we can read about them in books.	恐竜はもはや生存していないが，それらについて本で読むことができる。

1316	
depend on ~	～次第である，～に依存する
Our success **depends on** whether you will help us or not.	私たちの成功は，あなたが私たちを援助してくれるかどうかにかかっている。

1317	
get rid of ~	～を取り除く［≒ remove］
Once you start smoking, it is difficult to **get rid of** that bad habit.	いったん喫煙を始めると，その悪癖を取り除くのは難しい。

1318	
leave for ~	～に出かける， ～に向けて出発する
I'm **leaving for** work now. See you tonight.	さあ僕は仕事に行くよ。また今夜ね。

1319	
turn on ~	～のスイッチを入れる (⇔ turn off ～)
It's getting dark. Would you **turn on** the lights?	暗くなってきました。電気をつけてくれますか。

1320	
result in ~	結局～に終わる ［≒ end up with ～］
I remember my father's plans usually **resulted in** failure.	私は父の計画がたいてい失敗に終わったことを覚えている。

1321 be related to ～	～に関係がある
Some people think that humans **are** more closely **related to** orangutans than to chimpanzees.	人はチンパンジーよりもオランウータンと近縁関係にあると考える人もいる。

1322 all the time	いつでも，その間ずっと
Now I enjoy Japanese food **all the time**.	今や私はいつも日本食を楽しんで食べている。

1323 for a while	しばらくの間
He just lost his dog. You should leave him alone **for a while**.	彼は飼い犬を亡くしたばかりだ。しばらく1人にしておく方がよい。

1324 by the end of ～	～の終わりまでには
By the end of her lecture, everyone realized the importance of the environment.	彼女の講義の終わりまでには，すべての人が環境の重要性を理解した。

1325 hold on	電話を切らないでおく，ちょっと待つ
The director is on another line now. Could you **hold on**, please?	部長は別の電話に出ております。切らずにお待ちいただけますか。

1326 fill up ～	～を満たす，～をいっぱいにする
Gas is running out, so let's **fill up** the car at that gas station.	ガソリンがなくなってきているから，あのスタンドで車を満タンにしよう。

1327 in other words	言い換えれば
Flowers have some mysterious way of keeping time. They have, **in other words**, a kind of "biological clock."	花は時間を計る不思議な方法を持っている。言い換えると，一種の「体内時計」を持っているのだ。

1327 in other words は文と文をつなげるときに用いられる接続表現だよ。

1328	
in turn	順番に
You are supposed to introduce yourselves **in turn**.	あなたがたは**順番に**自己紹介をすることになっている。

1329	
point out ~	～を指摘する
I'd like to **point out** some problems with your suggestion.	私はあなたの提案に関していくつか問題点**を指摘し**たい。

1330	
after all	結局（は）
I tried to pass the driver's license test many times, but I failed **after all**.	私は何度も運転免許の試験に合格しようと試みたが，**結局**，だめだった。

1331	
for long	長い間
They have not heard from their son **for long**.	彼らは息子から**長い間**便りがない。

1332	
go wrong	（物事が）うまくいかない，（機械などが）故障する
What should I do if something **goes wrong** during your absence?	あなたがいないときに何かが**うまくいかない**場合は，どうしたらいいですか。

1333	
in line	一直線に，整列して
We were made to stand **in line**.	私たちは**1列に**並ばされた。

1334	
in return (for ~)	（～の）お返しに
I gave a bunch of roses to her **in return for** her hospitality.	私はもてなし**のお返しに**彼女にバラの花束を贈った。

1335

take [have] a look at ～

～を見る

Why don't you **take a look at** this map? It's very helpful.

この地図を見てみてはどうですか。とても役立ちますよ。

1336

whether ... or not

…であろうとなかろうと

Whether you succeed **or not**, trying your best is important.

成功しようとしまいと，全力を尽くすことが大切だ。

1337

be proud of ～

～を誇りに思う

We **are proud of** your achievements at school.

私たちはあなたの学校の成績を誇りに思う。

1338

be sold out

売り切れている

I'm sorry, but shirts of this design in a medium size **are** all **sold out**.

申し訳ございませんが，このデザインのMサイズのシャツは，すべて売り切れています。

1339

be full of ～

～でいっぱいである
[≒ be filled with ～]

The children **were full of** hopes and dreams.

子供たちは夢と希望でいっぱいだった。

1340

get in ～

(車など)に乗る
(⇔ get out of ～)

Get in the car now. We'll leave in a minute.

さあ車に乗って。すぐに出発するよ。

1341

get together

集まる

Why don't we **get together** and talk about our project?

集まって私たちのプロジェクトについて話しませんか。

1336 whether ... or notは，「…かどうか」という意味にもなるよ。

1342	
by far	(最上級を強めて)断然
Soccer is **by far** the most popular sport in the world.	サッカーは世界中で断然一番人気のあるスポーツだ。

1343	
for sure	確かに [≒ for certain]
He will help you **for sure** whenever you are in trouble.	あなたが困っているときはいつでも，彼は必ず助けてくれるだろう。

1344	
let ~ down	～を失望させる，～を下げる
Don't **let** me **down**. I'm sure you can do it!	がっかりさせないでくれよ。君なら絶対できるよ！

1345	
make up *one's* mind	決心する
He **made up his mind** to study philosophy at college.	彼は大学で哲学を勉強することに決めた。

1346	
take after ~	～に似ている [≒ resemble]
My mother has big blue eyes and I seem to **take after** her.	私の母は大きな青い目をしていて，私は母に似ているようだ。

1347	
turn out to be ~	～であることがわかる [≒ prove to be ~]
What the lawyer had told me finally **turned out to be** false.	弁護士が私に言ったことは，結局うそであることがわかった。

1348	
with luck	運が良ければ
Hawaii is famous for its beautiful scenery. **With luck**, you may see a rainbow.	ハワイは美しい風景で有名である。運が良ければ虹が見られるかもしれない。

1349	
be against ~	～に反対である（⇔ be for ～）
I don't know whether he **is** for or **against** gun control.	彼が銃規制に賛成であるか，反対であるかわからない。

1350	
check out	チェックアウトする（⇔ check in）
In this hotel you have to **check out** by ten o'clock.	このホテルでは10時までにチェックアウトしなければならない。

1351	
(just) in case	万一に備えて
I'll let you know my phone number **just in case**.	万一に備えて，君に僕の電話番号を教えておきます。

1352	
in public	人前で，公衆の面前で
This is my first time singing this song **in public**.	私がこの歌を人前で歌うのはこれが初めてだ。

1353	
look through ~	～にざっと目を通す
Could you **look through** my essay and check for mistakes?	私のレポートに目を通して誤りを確認していただけますか。

1354	
now that ...	今や…なので
Now that we are all here, we can start the farewell party.	みんながそろったので，送別会を始められる。

1355	
of *one's* own	自分自身の
When I was 15, I got a room **of my own**.	15歳のとき，私は自分の部屋を持った。

1345 make up *one's* mind に対して，
「気が変わる」は change *one's* mind と言うんだって。

1356 □□□ **plenty of ～**	**たくさんの～**
We should drink **plenty of** water on a hot day.	私たちは暑い日には**たくさんの**水を飲むべきだ。

1357 □□□ **take *one's* time**	**ゆっくりやる**
We still have a lot of time left. **Take your time**.	まだ時間はたくさん残っています。**ゆっくりやりなさい**。

1358 □□□ **be sick in bed**	**病気で寝ている**
Yesterday I **was sick in bed** with a bad cold all day, but now I'm feeling better.	私は昨日ひどい風邪で一日中**寝込んでいた**が，今は良くなってきている。

1359 □□□ **give *A* a ride**	**Aを車に乗せる**
Would you **give** me **a ride** to the airport?	空港まで**車で送って**くれますか。

1360 □□□ **how far ...**	**(距離・進行の度合いが)どのくらい…**
Excuse me, may I ask **how far** it is from here to the nearest station?	すみませんが，ここから最寄りの駅まで**どのくらい**あるか聞いてもいいですか。

1361 □□□ **come true**	**実現する**
I hope my dreams **come true** someday.	私の夢がいつか**実現し**たらよいと思う。

1362 □□□ **at [in] the end of ～**	**～の最後に** (⇔ at [in] the beginning of ～)
In the basketball tournament yesterday, he scored three points **at the end of** the game.	昨日のバスケットボールの大会で，彼は試合**の最後に**3点いれた。

1363

It takes (*A*) ... to *do*

(Aが)～するのに…かかる

It took me about 20 minutes **to get** there by bike.

私が自転車でそこまで行くのに20分ほどかかった。

1364

make [give] a speech

演説をする

It is not easy to **make a speech** in front of many people.

大勢の前で演説をするのは簡単ではない。

1365

something ... to *do*

何か～する…なもの

It's freezing outside. Would you like **something hot to drink**?

外は凍えるように寒いね。何か温かい飲み物はどうですか。

1366

show *A* around ～

Aに～を案内する

Attention, students. I'll **show** you **around** the museum now.

生徒の皆さん，お聞きください。これから皆さんに博物館をご案内します。

1367

against *one's* will

意志に反して

She was told to take care of her little sister, so she had to stay home **against her will**.

彼女は幼い妹の面倒を見るように言われたので，意志に反して家にいなければならなかった。

1368

appeal to ～

～の心に訴える，～に訴える

He sang a beautiful song and it **appealed to** a lot of people there.

彼は美しい歌を歌い，それはその場にいた多くの人々の心に訴えた。

1369

at (the) most

せいぜい，
最大でも (⇔ at least)

If you buy the computer from that store, it will cost $500 **at most**.

そのコンピュータはあの店で買えば，せいぜい500ドルだろう。

やることがたくさんあって大変な人に **1357** Take your time.
と言ってあげるとやさしい言葉になるね。

1370	
at length	詳細に，(長い時間の末)ついに
My grandfather started to talk about his war experiences **at length**.	祖父は自分の戦争体験について詳細に話し始めた。

1371	
at the risk of ～	～の危険を冒して
I promise to protect you **at the risk of** my life.	私の命の危険を冒してもあなたを守ることを約束します。

1372	
be capable of *doing*	～する能力がある，～できる
This robot is said to **be capable of understanding** ten messages at a time.	このロボットは一度に10のメッセージを理解できると言われている。

1373	
be free from ～	～から解放されている
I am so happy to **be free from** my troubles and worries.	私は問題や心配事から解放されて本当にうれしい。

1374	
be grateful for ～	～のことを感謝している
I **am grateful for** your kindness.	あなたのご親切に感謝いたします。

1375	
be independent of ～	～から独立している (⇔ be dependent on ～)
It is about time you **were independent of** your parents.	そろそろ君は親から独立するときだ。

1376	
be jealous of ～	～をねたんでいる
She **is** probably **jealous of** you because you passed the test.	君がテストに合格したからおそらく彼女は君に嫉妬しているんだよ。

1377

be out of order

故障している

Please use the stairs because the elevator **is out of order**.

エレベーターが**故障中**ですので階段をご利用ください。

1378

be out of the question

問題にならない，あり得ない

When she asked her father for permission to work part-time, he said it **was out of the question**.

彼女が父親にアルバイトをする許可を求めたとき，父親はそれは**問題外だ**と言った。

1379

be poor [bad] at ～

～が苦手である，
～が下手である

I'm really **poor at** singing, so I don't like to sing in the music class.

私は本当に歌**が苦手な**ので，音楽の授業で歌うのは好きではない。

1380

be sick of ～

～にうんざりしている
[≒ be tired of ～]

I'm sick of answering the same question over and over again.

同じ質問に何度も答えるの**にうんざりだ**よ。

1381

be sure of [about] ～

～を確信している

All of us **were sure of** your success.

私たちはみんな，あなたの成功**を確信していた**。

1382

break up ～

～をばらばらにする

My father **broke up** his old desk and made a new chair for me.

父は自分の古い机**をばらばらにして**，私のために新しいいすを作ってくれた。

1383

bring up ～

～を育てる [≒ raise]

She was born and **brought up** in Boston.

彼女はボストンで生まれ**育った**。

1377 や **1378** の out of ～ は，
「～の外で，～から外れて」という意味を表すんだ。

1384	暗記して
by heart	
In this assignment, you are all supposed to learn this poem **by heart**.	この課題では，皆さんは全員この詩を暗記しなければなりません。

1385	〜を心配する，〜に関心を持つ
care about 〜	
More and more people in the world **care about** global warming.	世界のますます多くの人々が地球温暖化を心配している。

1386	〜なしで済ます
do without 〜	
I hear some students can't **do without** a smartphone.	スマートフォンなしではいられない生徒もいるそうだ。

1387	くつろぐ，気が休まる
feel at home	
I **feel at home** when I listen to music over a cup of coffee.	1杯のコーヒーを飲みながら音楽を聞くとき，私はほっとする。

1388	〜を気の毒に思う，〜のことですまないと思う
feel sorry for 〜	
The movie star **felt** really **sorry for** hungry children in Africa.	その映画スターはアフリカの空腹な子供たちを本当にかわいそうだと思った。

1389	気分転換に，目先を変えて
for a change	
Let's have coffee **for a change**.	気分転換にコーヒーを飲みましょう。

1390	〜から離れる
get away from 〜	
Sometimes people need to **get away from** work and relax.	時々仕事から離れてリラックスすることも必要だ。

1391

head for ~

~へ向かう

We have to **head for** the airport just after the meeting ends.

私たちは会議が終わったらすぐ，空港に向かわなければならない。

1392

in a sense

ある意味では [≒ in a way]

What you said is right **in a sense**, but it made him angry.

あなたの言ったことはある意味では正しいが，そのことで彼を怒らせてしまった。

1393

in contrast

それとは対照的に

I like to go out. **In contrast**, my sister likes to stay home.

私は外出するのが好きだ。それとは対照的に姉[妹]は家にいるのが好きだ。

1394

in shape

体調が良くて

Now he is **in** great **shape** and feels he can try new things.

今彼はとても体調が良くて，新しいことに挑戦できると感じている。

1395

keep an eye on ~

~から目を離さない

I **kept an eye on** my sister's baby while she went to the restroom.

私は姉［妹］が化粧室に行っている間，彼女の赤ちゃんから目を離さないでいた。

1396

keep *one's* promise [word]

約束を守る
(⇔ break *one's* promise [word])

No matter what may happen, I will **keep my promise**.

どんなことが起きようとも，私は約束を守るつもりだ。

1397

look up to ~

~を尊敬する [≒ respect]
(⇔ look down on ~)

Everyone **looks up to** Mr. Brown as a leader.

誰もがブラウン氏を指導者として尊敬している。

みんなも，**1389** for a change「気分転換に」お菓子を食べたりしようね～。

1398	
lose control	自制を失う
The man stopped drinking before he **lost control** completely.	その男は完全に**自制を失う**前に酒を飲むのをやめた。

1399	
lose *one's* balance	バランスを崩す
While he was riding a unicycle, he **lost his balance** and fell down.	彼は一輪車に乗っていたとき，**バランスを崩し**て転んだ。

1400	
make *oneself* at home	くつろぐ
Sit back on the sofa and **make yourself at home.**	ソファにゆったりと座って**くつろいでくださいね**。

● **便利なtake**

takeからはさまざまな表現が作れます。take off ～(→1176)やtake after ～(→1346)をはじめ，take care of ～(→1101)やtake part in ～(→1130)など重要熟語がたくさんあります。take a look at ～(→1335)，take a seat(→1439)，take a bite(→1414)などはそれぞれlook at ～，sit，eatの言い換えとして使うことができますね。さらに，会話表現でもTake it easy.(→会話070)，作文でもTake ～ for example.(→作文015)などがよく使われる表現です。同じようにhave，get，giveもさまざまな表現に登場するので，調べてみましょう。

差がつく応用熟語

Section 15

見出し語番号 1401~1500

1401 **make sense**	意味が通じる
Explain it to me once more. What you've said doesn't **make sense**.	私にもう一度それを説明してください。あなたの言ったことはつじつまが合っていません。
1402 **none of *one's* business**	~の知ったことではない
I won't need any advice from you. That's **none of your business**.	あなたからの忠告は必要ありません。それはあなたには関係ないことです。
1403 **do nothing but *do***	~してばかりいる，ただ~するだけだ
The salesclerk **did nothing but complain** about her job.	その店員は自分の仕事にただ不満を言うだけだった。
1404 **on demand**	要求［請求］があり次第
We usually produce our products **on demand** from customers.	私たちは通常，顧客からの要求があり次第，製品を生産しています。
1405 **out of date**	時代遅れの［で］ (⇔ up to date)
Mr. West was upset because he was told that his ideas were **out of date**.	ウエストさんは，彼の考えは時代遅れだと言われて動揺した。
1406 **participate in ~**	~に参加する ［≒ take part in ~］
There is a meeting for students who want to **participate in** the school festival.	学園祭に参加したいと思っている生徒向けの会議がある。

「よけいなお世話だ！」は **1402** None of your business! や Mind your own business! などと言うよ。

1407

pass by ～

～のそばを通る

When I **passed by** the restaurant, I noticed that it would be closing at the end of the month.

そのレストランのそばを通ったとき，月末に閉店することに気づいた。

1408

reach out for ～

～を取ろうと手をのばす

The little boy **reached out for** the toy on the shelf.

その小さな男の子は棚の上のおもちゃを取ろうと手をのばした。

1409

separate *A* from *B*

AをBから分離する

I'll show you how to **separate** the egg white **from** the yolk.

卵黄から卵白を分離する方法をあなたにお見せしましょう。

1410

speak up

もっと大きな声で話す，はっきり言う [≒ speak out]

Professor, I'm afraid I can't hear you well, so could you **speak up** a little?

先生，よく聞こえませんので，もう少し大きな声で話していただけますか。

1411

stand by ～

～を支援する [≒ support]

I hope you **stand by** me if I get in trouble.

もし私が困ったことになったら，あなたが支援してくれることを望みます。

1412

stand out

目立つ [≒ be outstanding]

I think she **stands out** among the painters of her time.

私は，彼女は同時代の画家の中でも傑出していると思う。

1413

succeed in ～

～に成功する (⇔ fail in ～)

My son finally **succeeded in** climbing to the top of the highest mountain in Canada.

私の息子は，とうとうカナダで一番高い山に登頂することに成功した。

1414
take a bite
一口食べる

I'm not so hungry yet, but can I **take a bite** of your sandwich?
まだあまりお腹が空いていないけれど，君のサンドイッチを一口食べてもいい？

1415
The point is (that)...
重要な点は…である

The point is that we should think more about the environment.
重要な点は，私たちがもっと自然環境について考えるべきであるということである。

1416
to the point
的を射た，適切な
(⇔ beside the point)

Your opinion against the plan is **to the point**.
その計画に反対するあなたの意見は的を射ている。

1417
with care
気をつけて [≒ carefully]

You should write "HANDLE **WITH CARE**" on the parcel that contains teacups.
ティーカップの入った小包には，「取扱注意」と書いた方がよい。

1418
without fail
必ず，間違いなく

You must hand in your homework by Thursday **without fail**.
あなたは木曜日までに必ず宿題を提出しなければならない。

1419
another ~ minutes
もう～分（ふん）

It will take me **another** 20 **minutes** to finish my homework.
私が宿題を終えるのにもう20分かかるだろう。

1420
as if [though]...
まるで…のように

My roommate is American, but he speaks Japanese **as if** it were his mother tongue.
私のルームメートはアメリカ人であるが，まるで母語であるかのように日本語を話す。

1414 take a bite の bite には，動詞として「噛む，かじる」という意味もあるよ。

1421

be busy with ～

～で忙しい

She has **been busy with** her schoolwork and club activities these days.

最近，彼女は学業や部活動で忙しい。

1422

be ready to *do*

～する準備ができている

Are you **ready to order**, ma'am?

お客さま，ご注文はお決まりですか。

1423

be tired from ～

～で疲れている

If you **are tired from** yesterday's flight, I can cancel all the plans today.

もしあなたが昨日の空の旅で疲れているなら，今日の計画はすべてキャンセルするよ。

1424

dress up

正装［盛装］する

You don't have to **dress up** for this party. Jeans and a T-shirt would be fine.

このパーティーには正装する必要はありません。ジーンズとＴシャツで大丈夫でしょう。

1425

eat out

外食する

I usually make dinner for myself at home, but once in a while I like to **eat out** at a restaurant.

私はたいてい家で自分で夕食を作るが，たまにはレストランで外食するのも好きだ。

1426

either *A* or *B*

ＡかＢのどちらか

You can **either** go to soccer camp **or** take painting lessons this summer.

今年の夏，あなたはサッカーのキャンプに行くか，絵画のレッスンを受けるか，どちらかをすることができる。

1427

for a minute

ちょっとの間

Excuse me, please be quiet **for a minute**.

すみませんが，ちょっとの間静かにしてください。

1428

go on a tour

旅行に行く

The old couple likes **going on** group **tours**.

その老夫婦は団体旅行に行くのが好きだ。

1429

go out of business

破産する，廃業する

If you don't carry out this program, your company will **go out of business** soon.

この計画を実行しなければ，あなたの会社はすぐに倒産してしまいますよ。

1430

have a sore throat

のどが痛む

I **have a sore throat** and a slight headache.

のどが痛くて，少し頭痛がする。

1431

make an appointment with *A*

Aと会う約束をする，Aの予約をする

I **made an appointment with** the dentist at 1:30.

私は1時半に歯医者の予約を取った。

1432

make sense of ～

～の意味を理解する

The man could not **make** any **sense of** the manual for his new smartphone.

その男性は新しいスマートフォンのマニュアルを全く理解できなかった。

1433

no more than ～

～しか，～にすぎない
[≒ only]

I can pay **no more than** $50 a week for rent.

私は家賃として週に50ドルしか払えない。

1434

on *one's* own

自身の力で，1人で
[≒ alone]

I can't carry this bag **on my own**. It's too heavy.

私はこの袋を自力では持ち運べない。重すぎる。

1430 have a sore throat の sore は「ひりひり痛い」という意味だよ。

1435

over and over (again)

何度も，繰り返して

The woman kept telling me the same story **over and over again**.

その女性は私に何度も同じ話をし続けた。

1436

put away ～

～を片付ける

Will you **put away** the dishes in the cupboard?

皿を戸棚へしまってくれますか。

1437

see *A* off

Aを見送る

When my sister leaves Japan, I'm going to **see** her **off** at the airport.

姉[妹]が日本を離れるとき，私は空港で彼女を見送るつもりだ。

1438

stay in bed

寝ている

Since you are sick, you must **stay in bed** all day today.

あなたは病気なのだから，今日は一日中寝ていなさい。

1439

take [have] a seat

座る

Welcome. Please **take a seat** over there and have some tea.

ようこそ。あちらに座ってお茶をどうぞ。

1440

try [do] *one's* best

全力を尽くす

I'll **try my best** on the final exams.

期末試験で全力を尽くします。

1441

when to *do*

いつ～すべきか

The family talked about **when to move** to their new house.

その家族はいつ新居に引っ越すか話し合った。

1442 lead to ～	～につながる，～に通じる
Drinking too much coffee may **lead to** a headache or something like that.	コーヒーの飲みすぎが，頭痛などにつながることもあり得る。
1443 provide *A* with *B*	**AにBを供給する** [≒ provide *B* for *A*]
Something went wrong with the power plant that **provided** New York **with** electricity.	ニューヨークに電気を供給している発電所が故障した。
1444 hand in ～	**～を提出する** [≒ turn in, submit]
You must **hand in** your tax form by the end of this month.	あなたは今月末までに納税申告書を提出しなければならない。
1445 be aware of ～	**～に気づいている** [≒ be conscious of ～]
A lot of people **are aware of** the need for recycling.	多くの人々がリサイクルの必要性に気づいている。
1446 carry out ～	**～を実行する** [≒ conduct, put ～ into practice]
Everybody respects the captain because he **carries out** all his responsibilities.	キャプテンは自分の責務をすべて実行するので，誰もが彼を尊敬している。
1447 as a result of ～	**～の結果として**
As a result of new developments in communication technology, the cost of calls will be reduced.	通信技術の新たな発達の結果として，通話料が引き下げられるだろう。
1448 as long as ...	**…する限り**
Any book will do **as long as** it is interesting.	面白ければ，どんな本でもよい。

「座ってね」は，**1439** Take [Have] a seat. の他に，Sit down. や Be seated. などの言い方もあるよ。

1449

be involved in ～

～に巻き込まれる，～に関与する

He **was involved in** the car accident and was badly injured.

彼はその自動車事故に巻き込まれ，ひどくけがをした。

1450

break down

故障する

My car **broke down** this morning and will not be repaired until Friday.

今朝，私の車は故障して，金曜日まで直らない。

1451

in conclusion

結論として，最後に [≒ finally]

In conclusion, I would like to say it is impossible to carry out this plan.

結論として，この計画を実行するのは不可能であると私は言いたい。

1452

in [at] the beginning of ～

～の初めに（⇔ in [at] the end of ～）

In the beginning of the 19th century, the crops in this area suffered serious damage from cold weather.

19世紀初めに，この地域の作物は冷害による深刻な被害を受けた。

1453

on business

仕事で

I'm sorry, but the manager is away **on business**.

あいにく支配人は仕事で出かけています。

1454

all the way

はるばる

The artist came **all the way** from Paris. It was a really long trip.

その画家はパリからはるばるやってきた。本当に長旅だった。

1455

run out of ～

～がなくなる

We are **running out of** gas. Let's stop by the gas station there.

ガソリンがなくなりそうだ。そこのガソリンスタンドに立ち寄ろう。

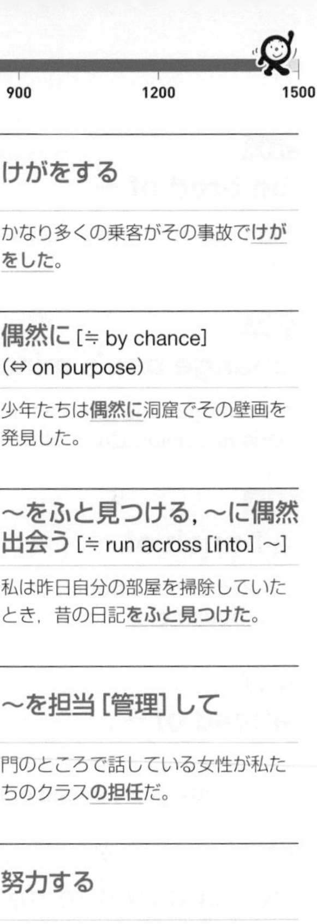

1456 **be injured**	けがをする
Quite a few passengers **were injured** in the accident.	かなり多くの乗客がその事故で**けがをした**。
1457 **by accident**	偶然に [≒ by chance] (⇔ on purpose)
The boys found the wall paintings in the cave **by accident**.	少年たちは**偶然に**洞窟でその壁画を発見した。
1458 **come across ～**	～をふと見つける，～に偶然出会う [≒ run across [into] ～]
I **came across** my old diary when I was cleaning my room yesterday.	私は昨日自分の部屋を掃除していたとき，昔の日記**をふと見つけた**。
1459 **in charge of ～**	～を担当 [管理] して
The lady talking at the gate is **in charge of** our class.	門のところで話している女性が私たちのクラス**の担任**だ。
1460 **make an effort**	努力する
All participants **made** great **efforts** in the Olympics.	オリンピックでは出場者全員が懸命に**努力した**。
1461 **pay attention to ～**	～に注意する
First of all, you should **pay attention to** the speed limit.	何よりもまず，あなたは制限速度**に注意す**べきだ。
1462 **rely on ～**	～を頼る，～を信頼する
We **rely on** our leader because he always makes correct decisions.	私たちのリーダーはいつも正しい決断をするので，私たちは彼**を頼っている**。

1458 come across ～ は交差点でばったり出会うイメージで覚えよう。

1463	
be tired of ～	～に飽きる [≒ be sick of ～]
I'm tired of studying. Let's have a break.	勉強は飽きたな。ちょっと休もう。

1464	
change *one's* mind	考えを変える，気が変わる
He **changed his mind** after hearing various opinions from other people.	他の人からいろいろな意見を聞いて，彼は考えを変えた。

1465	
a bunch of ～	一束(たば)の～，一房(ふさ)の～
I would prefer **a bunch of** bananas to **a bunch of** flowers.	私は花束よりも一房のバナナの方がいい。

1466	
ahead of ～	～に先立って，～の前に
My older brother graduated from college two years **ahead of** me.	兄は私より2年先に大学を卒業した。

1467	
be expected to *do*	～するよう期待されている，～するものだとされる
In the U.S., students **are expected to take** an active part in lessons.	アメリカでは，学生は授業に積極的に参加することを期待される。

1468	
be impressed with ～	～に感銘を受ける
Whenever I visited the island, I **was impressed with** the beauty of its nature.	その島を訪れるたびに，私はその自然の美しさに感銘を受けた。

1469	
be in danger	危険にさらされている
The soldiers **were** always **in danger** of losing their lives.	その兵士たちは常に命を落とす危険にさらされていた。

1470

be said to be ～

～であると言われている

Eating various kinds of foods **is said to be** good for your health.

さまざまな種類の食物を食べることは健康に良いと言われている。

1471

be satisfied with ～

～に満足している

We **were satisfied with** the efforts of the hospital staff.

私たちは病院職員の努力に満足していた。

1472

be unable to *do*

～することができない

The patient will **be unable to play** tennis over the next few weeks.

その患者はこれから2，3週間はテニスをすることができないだろう。

1473

catch up with ～

～に追いつく

Grace missed two weeks of school, so she has to work hard to **catch up with** her class.

グレースは学校を2週間休んだので，クラスに追いつくために一生懸命勉強しなければならない。

1474

from now on

今後ずっと

From now on, you mustn't use this computer without my permission.

今後，あなたはこのコンピュータを私の許可なしに使ってはいけない。

1475

get along with ～

～とうまくやっていく

Many people say he is very easy to **get along with** because he is friendly.

彼はとても友好的なので，彼とうまくやっていくのはとても容易だと多くの人が言っている。

1476

get over ～

(困難・病気など) を克服する [≒ overcome]

How did the company **get over** its financial difficulties?

どのようにしてその会社は財政難を乗り越えたのか。

1477

go through ~

(苦難など)を経験する

I **went through** a lot of difficulties when I was young.

私は若いころ，たくさんの苦労を経験した。

1478

had better *do*

~した方がよい

She is upset, so we **had better leave** her alone now.

彼女は動揺しているから，今は1人にしておいた方がよい。

1479

hope for ~

~を願う

We sincerely **hope for** his safe return.

私たちは彼の無事の帰還を心から願っている。

1480

in advance

あらかじめ
[≒ ahead, beforehand]

I think you had better pay for the ticket **in advance**.

あらかじめ切符の代金を支払っておく方がよいと思う。

1481

in reality

(外見などに反して)実際は

Max is brave in appearance but **in reality** a coward.

マックスは見たところ勇敢そうだが，実際は臆病者だ。

1482

in spite of ~

~にもかかわらず
[≒ despite]

In spite of all our efforts, the conference ended in failure.

私たちのあらゆる努力にもかかわらず，その会議は失敗に終わった。

1483

in the long run

長い目で見れば，
結局は (⇔ in the short run)

We can say his plan was a success **in the long run**.

彼の計画は長い目で見れば成功したと言える。

1484 □□□ **lead *A* to *B***	AをBに至らせる，AをBに導く
I was **led to** the conclusion that we had made a fatal mistake.	私は，私たちが致命的な誤りを犯したという結論に至った。
1485 □□□ **leave ~ behind**	~を置いていく
A lot of American military jeeps were **left behind** in the Philippines.	たくさんのアメリカ軍のジープがフィリピンに置き去りにされた。
1486 □□□ **look out**	用心する
Look out! There's a truck coming!	気をつけて！　トラックが来るぞ！
1487 □□□ **make a difference**	違いをもたらす，重要である
I don't think it **makes a difference** which swimming club I join.	私がどの水泳クラブに入ろうと，違いがあるとは思わない。
1488 □□□ **make up for ~**	~の埋め合わせをする
What can we do to **make up for** power shortages?	電力不足を補うために何ができるだろうか。
1489 □□□ **mean to *do***	~するつもりである
I'm sorry. I didn't **mean to hurt** you.	ごめんなさい。あなたを傷つけるつもりはありませんでした。
1490 □□□ **on board ~**	~に乗って
After I got **on board** the train, I found I had left my wallet behind at home.	電車に乗った後で，私は財布を家に置き忘れてきたことに気づいた。

1487 make a difference は「変化をもたらす」ということから「重要である」「効果がある」「改善する」という意味になるんだ。

1491

play an important role in ~

～で重要な役割を果たす

He will **play an important role in** the next school festival.

彼は今度の学園祭で重要な役割を果たすだろう。

1492

stand for ~

(略語などが)～を意味する

UN **stands for** the United Nations.

UNは国際連合を表す。

1493

start with ~

～で始まる (⇔ end with ~)

As usual, the meeting **started with** the principal's speech.

いつも通り，その会議は校長の話で始まった。

1494

take *A* back to *B*

AをBに返品する

This shirt is too big for you. I'll **take** it **back to** the store.

このシャツはあなたには大きすぎるね。お店に返品するよ。

1495

to *one's* surprise

驚いたことに

To my surprise, she was walking with bare feet.

驚いたことに，彼女は裸足で歩いていた。

1496

watch out for ~

～に用心する

You have to **watch out for** heavy rain during this time of the year.

1年のうちの今ごろの時期は大雨に注意しなければならない。

1497

stay up late

夜更かしをする

I **stayed up late** preparing for the examinations.

私は試験勉強をして夜更かしをした。

1498

as usual

いつものように

The student found it impossible to ask her for a favor **as usual**.

その生徒は，彼女にいつものようにお願いすることはできないのだとわかった。

1499

cheer *A* up

*A*を元気づける

One glance at her son's face **cheered** her **up** again.

息子の顔を一目見ると，彼女は再び元気になった。

1500

name *A* after *B*

*B*にちなんで*A*を名づける

I was **named after** my grandfather.

私は祖父にちなんで名づけられた。

● ネットワークで覚えよう！

私たちの脳は，膨大な数の神経細胞による大きなネットワークを形成していて，その相互作用により情報処理や学習が進むのだそうです。単語の学習でもネットワークを活用してみましょう。例えばdepend（→**0728**）。この単語のネットワークを考えてみます。「名詞はdependenceで形容詞はdependent」…まだまだ。「dependentの反対語はindependent（→**0785**）」…もっと！「熟語depend on ～（→**1316**）は『～次第である，～に依存する』という意味」…さらに！「That [It] depends.（→会話**073**）という会話表現としても使われる」…ネットワークをどんどん広げていくと，単語や表現の知識の幅がグーンと広がりますよ。

熟語編 でる度 B チェックテスト

1 下線部の語句の意味を答えましょう。

(1) His new novel **is based on** his own experiences.
彼の今度の小説は彼自身の体験(　　　　　)。

(2) Would you **give** me **a ride** to the airport?
空港まで(　　　　　)くれますか。

(3) I **have a sore throat** and a slight headache.
(　　　　　)て，少し頭痛がする。

(4) I **stayed up late** preparing for the examinations.
私は試験勉強をして(　　　　　)。

2 日本語に合うように(　　)に英単語を入れましょう。

(1) 彼は大学で哲学を勉強することに決めた。
He (　　　　　) (　　　　　) (　　　　　) (　　　　　) to study philosophy at college.

(2) 彼女はボストンで生まれ育った。
She was born and (　　　　　) (　　　　　) in Boston.

(3) あらかじめ切符の代金を支払っておく方がよいと思う。
I think you had better pay for the ticket (　　　　　) (　　　　　).

正解

1 (1) に基づいている(→1313)　(2) 車で送って(→1359)
(3) のどが痛く(→1430)　(4) 夜更かしをした(→1497)

2 (1) made up his mind(→1345)　(2) brought up(→1383)
(3) in advance(→1480)

会話表現編 100

英検準２級によくでる会話表現をまとめました。

リスニングテストにもよくでるので，音声もあわせて活用して覚えましょう。

001	
Anything else?	他にありますか。
A: Two cheeseburgers, one large French fries, two colas. **Anything else?** B: That's all.	A: チーズバーガー2つと，ポテトのLサイズ1つとコーラ2つ。他にありますか。 B: それだけです。

002	
Anything [Either] will do.	何でも［どちらでも］いいですよ。
A: What newspaper would you like to read? B: **Anything will do.**	A: どの新聞をお読みになりたいですか。 B: 何でもいいですよ。

003	
By all means.	ぜひどうぞ。，もちろん。 [≒ Certainly., Of course.]
A: Would you like to join us for dinner? B: Yes, **by all means**.	A: 私たちと一緒に夕食をいかがですか。 B: ええ，ぜひ。

004	
Calm down.	落ち着いて。
A: Oh, no! I can't find my purse anywhere! B: **Calm down.** I'll help you look for it.	A: あら，いやだ！　財布がどこにもないわ！ B: 落ち着いて。捜すのを手伝いますよ。

005	
(How) can [may] I help you?	(店で) どのようなご用件でしょうか。， いらっしゃいませ。
A: **How can I help you**, ma'am**?** B: Yes, I'm looking for a small-sized T-shirt.	A: お客さま，何かお探しでしょうか。 B: ええ，SサイズのTシャツを探しています。

006 □□□

Certainly, sir [ma'am].

かしこまりました。

A: Could you press the elevator button for me?
B: **Certainly, sir.** Which floor would you like?

A: エレベーターのボタンを押していただけますか。
B: かしこまりました。何階に行かれますか。

007 □□□

Come on!

ばか言うな！，がんばれ！，さあ！

A: Mother, maybe I'll fail the test.
B: **Come on!** You can make it. You've been studying so hard.

A: 母さん，僕は試験に落ちるかもしれないよ。
B: 何言っているの！ 大丈夫よ。すごく一生懸命に勉強してきたじゃないの。

008 □□□

Congratulations!

おめでとう！

A: You won first prize. **Congratulations!**
B: Thank you. I just did my best.

A: 優勝です。おめでとう！
B: ありがとうございます。私はただ，全力を尽くしただけです。

009 □□□

Could you tell me the way to ～?

～への道を教えてもらえませんか。

A: **Could you tell me the way to** the nearest station**?**
B: Sure thing.

A: 最寄り駅への道を教えてもらえませんか。
B: いいですよ。

010 □□□

Could you tell me where ...?

どこで [に] …か教えていただけますか。

A: **Could you tell me where** you bought your shirt**?**
B: You mean this shirt? You can get it at that new store.

A: あなたのシャツをどこで買ったか教えていただけますか。
B: このシャツですか？ あの新しい店で買えますよ。

お店での頻出表現には Can I try on ～?「～を試着できますか」もあるよ。(→熟語編 **1197**)

011	
Do [Would] you mind if ...?	…してもよろしいでしょうか。
A: **Do you mind if** I open your present here**?** B: No. Go ahead.	A: ここでプレゼントを開けてもいいですか。 B: ええ，どうぞ。

012	
Does that mean ...?	それはつまり…ということですか。
A: Honey, I have to work all through the night. B: **Does that mean** we can't go out for dinner tonight**?**	A: ねえ，僕，徹夜で仕事をしなければならないんだ。 B: それはつまり今夜，外に食事に行けないということ？

013	
Give [Lend] me a hand.	手伝ってください。
A: Paul, if you are not too busy, **give me a hand** for a second. B: Sure. What can I do for you?	A: ポール，あまり忙しくなかったら，ちょっと手伝ってちょうだい。 B: いいよ。何をしたらいいの？

014	
(That's a) good idea.	それはいい考えですね。
A: The library is really crowded. Let's study in the cafeteria. B: **That's a good idea.**	A: 図書館はとても混んでいるわ。カフェテリアで勉強しましょう。 B: それはいい考えだね。

015	
Good luck!	がんばって！
A: I'm going to have a tennis match with Ms. White tomorrow. B: Well, **good luck!** Let me know how you do.	A: 明日，ホワイトさんとテニスの試合をします。 B: まあ，がんばって！　結果を教えてね。

016	
Guess what!	**ねえねえ聞いて！**
A: **Guess what!** I passed the entrance examination for high school. B: That's great. Congratulations!	A: ねえねえ聞いて！　僕，高校入試に合格したよ。 B: やったね。おめでとう！

017	
Have a good [nice] day.	**良い1日を。**
A: Here's 100 dollars. B: This is your change. **Have a good day.**	A: はい，100ドルです。 B: こちらがお釣りです。良い1日を。

018	
How about *doing*?	**～してはどうですか。**
A: What shall we do next Sunday? B: Well, **how about going** camping near the river**?**	A: 今度の日曜日に何をしましょうか。 B: そうだなあ，川の近くにキャンプをしに行くのはどう？

019	
How are you doing?	**元気でやっていますか。**
A: Hello, Mr. Young. **How are you doing?** B: Oh, Grace! I'm glad to see you.	A: こんにちは，ヤング先生。お元気ですか。 B: おや，グレース！　会えてうれしいよ。

020	
How come ...?	**なぜ…ですか。**
A: **How come** you weren't at the party yesterday**?** B: My son got sick and I had to look after him.	A: 昨日，パーティーに出なかったのはどうして？ B: 息子が具合が悪くなって，面倒を見なければならなかったのよ。

会話表現編

020 How come「なぜ…ですか」の後ろは平叙文（疑問文でない文）の語順になるよ。

021	
How do you like ~?	~はどうですか。
A: **How do you like** my plan**?** B: Great! But I wonder if it will really work.	A: 僕の計画はどうかな？ B: いいわね！ でも，本当にうまくいくかしら。

022	
How was ~?	~はどうでしたか。
A: **How was** the movie**?** I heard it is really good. B: Just wonderful. You should go to see it, too.	A: その映画はどうだった？ すごく良いって聞いたけど。 B: とても良かったわよ。あなたも見に行くべきよ。

023	
I agree.	賛成です。
A: We need to buy a new air conditioner. B: **I agree**, honey.	A: 新しいエアコンを買う必要があるね。 B: 賛成よ，あなた。

024	
I can't help it.	仕方がありません。
A: How come you can't swim at all? B: **I can't help it.** No one has taught me how to swim.	A: どうして君は全く泳げないんだい？ B: 仕方がないわよ。誰も私に泳ぎ方を教えてくれなかったのだもの。

025	
I guess so.	そう思います。
A: Do you think everyone will agree with my plan? B: **I guess so.** At least I like it.	A: みんなは僕の計画に賛成してくれるかな？ B: そう思うわ。少なくとも私はいいと思うわ。

026	
I have an appointment with *A*.	**Aと(面会の)約束があります。**
A: Hello. **I have an appointment with** Dr. Hall at three. **B:** Please take a seat in the waiting room.	A: こんにちは。3時にホール先生とお約束しています。 B: 待合室でおかけください。

027	
I have no idea.	**わかりません。**
A: What did Ms. Brown say? **B:** **I have no idea.** She spoke too quickly, so I couldn't understand her.	A: ブラウンさんは何と言ったんだい? B: わかりません。彼女は早口すぎて，私には理解できませんでした。

028	
I have to go now.	**もうおいとましなければなりません。**
A: I really enjoyed the party, but **I have to go now.** **B:** Thank you for coming.	A: パーティーは本当に楽しかったのですが，もうおいとましなくてはなりません。 B: 来てくれてありがとう。

029	
I'd like to know if	**…かどうか知りたいのですが。**
A: **I'd like to know if** you can come to the Christmas party. **B:** OK. I'll let you know by e-mail as soon as possible.	A: あなたがクリスマスパーティーに来られるかどうか知りたいのですが。 B: わかった。できるだけ早くメールで連絡するよ。

030	
I'd love to.	**喜んで(そうします)。**
A: Would you like to go to the movies with me tomorrow? **B:** **I'd love to.** But what time does the movie start?	A: 明日，一緒に映画を見に行かない? B: 喜んで。でも，その映画は何時に始まるの?

「仕方ない」は **024** I can't help it. の他に It can't be helped. とも言えるよ。

031	
I'll be back at ～.	～時に戻ります。 ★「～」には時刻が入る
A: What time will you be back, Lily? **B:** I guess **I'll be back at** five.	A: リリー，何時に戻る予定なの？ B: 多分5時に戻るわ。

032	
I'll go get ～.	私が～を取りに行きます。
A: Let's have a break. **I'll go get** you some coffee. **B:** Thank you.	A: 少し休みましょう。コーヒーを持ってきますね。 B: ありがとうございます。

033	
I'll miss you.	あなたがいなくなると寂しくなります。
A: I'm going to leave Japan tomorrow. **B:** **I'll miss you**, Mr. Baker.	A: 私は明日，日本を発つ予定です。 B: 寂しくなります，ベイカー先生。

034	
I'm afraid	（残念ですが）…だと思います。
A: Oh no. We were here an hour ago. **B:** **I'm afraid** we're lost.	A: 困ったな。僕たちは1時間前にもここにいたよね。 B: 私たちは道に迷ったんだと思うわ。

035	
I'm full.	満腹です。
A: Would you like some dessert? We have good apple pie. **B:** I can't eat any more. **I'm full.**	A: デザートはいかが？　おいしいアップルパイがあるわよ。 B: これ以上食べられません。おなかがいっぱいです。

036	
I'm home.	**ただいま。**
A: Mom, **I'm home.** B: Hi, Chase. How did you do on the math test today?	A: お母さん，**ただいま。** B: おかえり，チェイス。今日の数学のテストはどうだったの？

037	
I'm just looking.	**見ているだけです。**
A: May I help you, sir? B: No, thank you. **I'm just looking.**	A: 何かお探ししましょうか，お客さま。 B: いや，結構です。**見ているだけですから。**

038	
I'm not sure.	**よくわかりません。**
A: I think we've lost our way. Which way do we have to go? B: **I'm not sure.** I'll look at the map again.	A: 道に迷ったんじゃないかしら。どちらの道を行けばいいの？ B: **よくわからないなあ。**もう一度地図を見てみるよ。

039	
I'm sorry to hear that.	**それはお気の毒ですね。**
A: Mr. Gray has been sick in bed with a bad cold since last week. B: Oh, **I'm sorry to hear that.**	A: グレイさんは先週からずっとひどい風邪で寝込んでいるわ。 B: まあ，**それはお気の毒ですね。**

040	
I'm wondering if	**…かどうかと思いまして。**
A: **I'm wondering if** you'd like to go out for lunch. B: Sounds good.	A: お昼は外に食べに行かないかしら。 B: それはいいね。

034 I'm afraid の後ろには好ましくない内容の文が来るよ。

041

if you like

よろしければ

A: Help yourself to wine, **if you like**.
B: Thank you, but I can't drink.

A: よろしければ，ご自由にワインをどうぞ。
B: ありがとう，でも私，お酒は飲めないんです。

042

in that case

その場合には

A: I don't feel like eating meat tonight.
B: **In that case**, why don't you try this salmon?

A: 今晩は肉を食べたい気分じゃないなあ。
B: でしたら，このサーモンを試してみてはいかがですか。

043

Is it OK [all right] if ...?

…してもいいですか。

A: **Is it OK if** I order pizza for two**?**
B: Actually, I'd rather have pasta.

A: ピザを2人前注文してもいい？
B: 実を言うと，僕はパスタの方がいいな。

044

Is this for here or to go?

こちらで召し上がりますか，それともお持ち帰りですか。

A: **Is this for here or to go?**
B: For here, please.

A: こちらでお召し上がりですか，それともお持ち帰りですか。
B: ここでいただきます。

045

It could take a while.

少し時間がかかるかもしれません。

A: How long does it take to fix this camera?
B: Well, **it could take a while**.

A: このカメラを修理するのにどのくらい時間がかかりますか。
B: うーん，少し時間がかかるかもしれませんね。

046

It would be better for you to *do*.

～した方がよいでしょう。

A: **It would be better for you to talk** to your parents.
B: Thank you. I will.

A: ご両親と話した方がいいですよ。
B: ありがとう。そうします。

047

It's on me.

私がごちそうします。
[≒ It's my treat.]

A: Let's go to that new Italian restaurant tonight. **It's on me.**
B: Really? I can't wait!

A: 今晩あの新しいイタリアンレストランに行こうよ。僕のおごりだよ。
B: 本当？　楽しみだわ！

048

Just a minute [moment].

ちょっと待ってください。
[≒ Wait a minute.]

A: Are you ready to leave, Faith? Mom is waiting for you in the car.
B: **Just a minute.** I can't find my wallet!

A: 出かける用意はできた，フェイス？　お母さんが車で待っているよ。
B: ちょっと待って。お財布が見つからないの！

049

Let me *do*.

私に～させてください。

A: What shall we have for dinner?
B: Well, **let me cook** tempura for you.

A: 夕食は何にしましょうか。
B: そうですね，私にてんぷらを作らせてください。

050

Let me check (～).

(～を) 確認いたします。

A: Waiter, I haven't got my food yet.
B: I'm very sorry, ma'am. **Let me check** the kitchen.

A: ウエーターさん，私のお料理がまだ来ていないわ。
B: 大変申し訳ございません，お客さま。キッチンを確認いたします。

イギリスでは「お持ち帰りですか」は Take away? と言うんだって。

051	
Let me see. [Let's see.]	ええと。
A: Do you know any good Italian restaurants near here? **B:** **Let me see.** I've been to one near the station.	A: この近くでどこか良いイタリア料理店を知らない？ B: ええと。駅の近くの店なら行ったことがあるよ。

052	
Long time no see.	久しぶりですね。
A: **Long time no see!** I hardly recognize you. **B:** Oh hi, Jasmine. Yes, we haven't met since you got married.	A: 久しぶりね！ あなただとわからないところだったわ。 B: やあ，ジャスミン。そうだね，君が結婚して以来会っていなかったね。

053	
Make sure to *do*.	必ず～するようにしなさい。
A: I might be late for the meeting. **B:** All right. **Make sure to call** me if you can't come.	A: 私は会議に遅れるかもしれません。 B: わかりました。もし来られないようなら必ず電話してくださいね。

054	
May I leave a message?	(電話で) 伝言をお願いできますか。
A: Sorry, my wife just left for the shopping mall. **B:** OK. **May I leave a message?**	A: ごめんなさい，妻はちょうどショッピングセンターに出かけたところです。 B: そうですか。伝言をお願いできますか。

055	
May I speak to *A*?	(電話で) Aはいますか。
A: Hello. **May I speak to** the store manager**?** **B:** I'm sorry. She's out now.	A: もしもし。店長はいらっしゃいますか。 B: すみません。今，外出中です。

056	
May I take a message?	(電話で) **ご伝言を承りましょうか。**
A: Hello. This is Max. Is Rose there? **B:** No, she isn't. **May I take a message?**	A: もしもし。マックスです。ローズはいますか。 B: いいえ，彼女はいません。ご伝言を承りましょうか。

057	
My pleasure.	**どういたしまして。**
A: Thanks so much for helping me. **B:** **My pleasure.**	A: 手伝ってくれてどうもありがとう。 B: どういたしまして。

058	
Neither do I.	(否定文を受けて) **私もそうです。**
A: I don't like fish. **B:** **Neither do I.**	A: 私，魚は好きじゃないわ。 B: 僕もだよ。

059	
No problem.	**いいですとも。**
A: Sorry. I'm afraid I must be going now. **B:** **No problem.** We can talk more some other time.	A: すみません。残念ですが，もうそろそろ帰らなくてはなりません。 B: 構いませんよ。いつかまた別のときにもっとお話できますから。

060	
No way!	**とんでもない！，だめだ！**
A: Are you going to move to China? **B:** **No way!** I can't speak Chinese at all.	A: あなたは中国へ引っ越す予定なのですか。 B: とんでもない！　僕は中国語は全然だめなんだ。

051 Let me see. は，言いたいことがすぐに出ないときの間を埋めるときに使うよ。

061	
Not really.	それほどでもありません。
A: What's the matter? Are you tired? **B: Not really**, but I started going to a sports club, and my back hurts a little.	A: どうしたの？ 疲れているのかい？ B: それほどでもないわ，でもスポーツクラブに通い始めて，腰が少し痛いの。

062	
Nothing special.	特に何も。
A: Are you doing anything tomorrow morning? **B:** No, **nothing special**.	A: 明朝は何かなさいますか。 B: いいえ，特に何も。

063	
Of course.	もちろんです。 [≒ Certainly., By all means.]
A: Do I have to exercise every day? **B: Of course**, if you really want to lose weight.	A: 毎日運動しなくてはいけないのでしょうか。 B: もちろんです，本気で体重を減らしたいのならね。

064	
Please feel free to *do*.	遠慮なく～してください。
A: Whenever you get lonely, **please feel free to come and talk** to me. **B:** Oh, thanks. That's very kind of you.	A: 寂しかったらいつでも，遠慮なく私のところにおしゃべりしに来てください。 B: ああ，ありがとう。ご親切にどうも。

065	
Please help yourself to ～.	どうぞ～をご自由にお召し上がりください。
A: Please help yourself to some apple pie. I baked it for you, Bill. **B:** Thank you. Oh, it looks delicious.	A: どうぞアップルパイをご自由に召し上がってくださいね。あなたのために焼いたのよ，ビル。 B: ありがとう。わあ，おいしそうだね。

066

Please say hello to *A*.

Aによろしくお伝えください。

A: **Please say hello to** your family for me when you return to Japan.
B: Yes, I will.

A: 日本に帰ったら，あなたのご家族によろしく伝えてね。
B: はい，そうします。

067

So what?

だから何だと言うのですか。

A: You often leave letters unanswered.
B: **So what?** I don't care.

A: あなたはよく手紙の返事を書かないままにしておくわね。
B: だから何？ 僕にとってはどうでもいいことさ。

068

(That) sounds good [great].

それはいいですね。

A: How about eating out at that new Italian restaurant?
B: **Sounds good!**

A: あの新しいイタリアンレストランで外食するのはどう？
B: それはいいね！

069

(This is) *A* speaking.

(電話で) Aです。

A: Hello. **This is** Bill **speaking**.
B: Hi, Bill. Do you want to go see a movie today?

A: もしもし。ビルです。
B: こんにちは，ビル。今日映画を見に行きたくない？

070

Take it easy.

無理をしないで。，気楽にね。

A: Honey, you're working too hard. **Take it easy.**
B: Thank you. I will.

A: あなた，働きすぎよ。無理をしないでね。
B: ありがとう。そうするよ。

「いいね」を伝えるときには (That) sounds like fun.
「それは楽しそうだね」も頻出！ (→熟語編 **1173**)

071

Thanks anyway.

でもありがとう。
[≒ Thank you all the same.]

A: I have lots of things to do, so I can't help you now.
B: I understand. **Thanks anyway.**

A: やることがたくさんあって，今は君を手伝えないよ。
B: そうですよね。でもありがとう。

072

That would be nice [great].

それはいいですね。

A: We are planning to have a class reunion next month.
B: Wow, **that would be nice**.

A: 来月，同窓会を計画しているの。
B: へえ，それはいいね。

073

That [It] depends.

時と場合によります。

A: How many times a week does the soccer team practice?
B: **That depends**, but usually about three times a week.

A: サッカーチームは1週間に何回練習するの？
B: 時と場合によるけど，普通は週に3回ぐらいだね。

074

That would help.

それは助かります。

A: Are you moving? Mike says he will lend you his truck.
B: Oh, **that would help**.

A: あなた，引っ越すの？ マイクがトラックを貸してあげると言っているわよ。
B: ああ，それは助かるよ。

075

That's fine [OK] with me.

私はそれで結構です。

A: I booked a table for three people at five.
B: **That's fine with me.**

A: 5時に3人で席を予約したよ。
B: 私はそれで結構よ。

076

That's good to hear.

それは良かったですね。

A: I was sick in bed last week, but I'm getting better now.
B: **That's good to hear.**

A: 先週は病気で寝込んでいたんだけれど，今は良くなってきたよ。
B: それは良かったわ。

077

That's [It's] very kind of you.

ご親切にどうもありがとうございます。

A: Would you like to come to my house for dinner tomorrow?
B: Yes, I'd be glad to. **That's very kind of you.**

A: よかったら明日，私の家に夕食を食べにいらっしゃいませんか。
B: はい，喜んで。ご親切にどうもありがとうございます。

078

The same to you.

あなたもね。

A: Merry Christmas!
B: **The same to you.**

A: 良いクリスマスを！
B: あなたもね。

079

Watch out!

気をつけて！

A: **Watch out!** There's a deer jumping out on the road.
B: Don't worry. I see it.

A: 気をつけて！ シカが道に飛び出してきたわ。
B: 心配しないで。わかっているよ。

080

Watch your step!

足元に気をつけて！

A: **Watch your step!** The road is slippery.
B: Thank you.

A: 足元に気をつけて！ 道が滑りやすいから。
B: ありがとう。

Take care. も「気をつけて，お大事に」という別れ際のあいさつによく使われるよ。（→熟語編 **1102**）

081	
Well done!	よくやった！
A: I passed my driving test yesterday. B: Did you really? **Well done!**	A: 昨日，運転免許試験に合格したよ。 B: 本当？ よくやったわね！

082	
What a shame [pity]!	それは残念！
A: I'm sorry. I won't be able to come to your party. B: **What a shame!**	A: ごめんなさい。君のパーティーに行けそうもないんだよ。 B: それは残念！

083	
What do you say to *doing*?	～はいかがですか。
A: **What do you say to going** to the movies this afternoon**?** B: I'd love to, but I've got work today.	A: 今日の午後，映画に行くのはどう？ B: 行きたいけど，今日は仕事があるんだ。

084	
What do you think of ～?	～についてあなたはどう思いますか。
A: **What do you think of** the new plan**?** B: I'm afraid it would be difficult to carry it out.	A: その新しい計画についてあなたはどう思いますか。 B. それを実行するのは難しいんじゃないかな。

085	
What is ～ like?	～はどんなふうですか。
A: **What was** the movie **like?** B: It was excellent. I want to see it again.	A: その映画はどうでしたか。 B: 素晴らしかったです。もう一度見たいです。

086	
What's the matter?	どうしたの？
A: **What's the matter?** You look worried. B: Oh, nothing really. I was just thinking about the test tomorrow.	A: どうしたの？ 心配そうだね。 B: ああ，何でもないの。ただ，明日のテストのことを考えていたの。

087	
What's up?	どうしたの？，最近どう？
A: **What's up**, Max**?** B: My son had an accident on his bicycle a little while ago.	A: どうしたの，マックス？ B: 息子がさっき，自転車に乗っていて事故にあったんだよ。

088	
What's wrong?	どうしたの？
A: **What's wrong?** You look pale. B: I have a terrible headache.	A: どうしたの？ 顔色が悪いよ。 B: ひどい頭痛がするの。

089	
What's wrong with ～?	～はどうしたのですか。
A: **What's wrong with** you**?** You don't look so good. B: Well, I think I'm catching a cold.	A: 君，どうしたの？ 調子悪そうだね。 B: ええ，風邪をひきかけているんだと思います。

090	
when it comes to ～	～のこととなると [≒ talking of ～]
A: We need one more good actor. B: **When it comes to** acting, I think my older brother is the best.	A: もう1人いい俳優が必要だな。 B: 演じることなら，私の兄が一番だと思うわ。

087 What's up? は友達同士で「元気？」の意味でもよく使われるよ。

091

Why don't we *do*?

～しましょう。

A: Why don't we ask that man to take our picture**?**
B: OK. I'll ask him, then.

A: あの人に私たちの写真を撮ってくれるように頼みましょうよ。
B: いいね。それじゃ，僕が頼んでみるよ。

092

Why don't you *do*?

～したらどうですか。

A: I'm wondering where I can buy sports shoes.
B: Why don't you ask at the information desk**?**

A: スポーツシューズはどこで買えるのかな。
B: 案内所で聞いてみたらどうですか。

093

Would you like ～?

～はいかがですか。

A: Would you like some more stew**?**
B: No, thank you. I've had enough.

A: シチューをもっといかがですか。
B: 結構です。もう十分いただきました。

094

Would you mind *doing*?

～していただけませんか。

A: Would you mind mailing these letters for me**?**
B: Not at all.

A: これらの手紙を出していただけませんか。
B: はい，いいですよ。

095

Would you put me through to *A*?

(電話で)Aにつないでもらえませんか。

A: Hello. **Would you put me through to** the sales manager**?**
B: Certainly. Hold, please.

A: もしもし。販売部長につないでもらえますか。
B: かしこまりました。そのままお待ちください。

096 □□□ You can say that again.	その通りです。
A: I don't think May is satisfied with her job. B: **You can say that again.** She's just started to look for another job.	A: メイは今の仕事に満足していないようね。 B: その通りだよ。彼女は別の仕事を探し始めたところなんだ。
097 □□□ You can't miss it.	すぐ見つかります。
A: How can I get to the post office? B: Go straight and turn right at the first traffic light. **You can't miss it.**	A: 郵便局にはどう行ったらいいですか。 B: まっすぐに進んで，最初の信号を右に曲がってください。すぐ見つかりますよ。
098 □□□ You have the wrong number.	(電話で)番号を間違えています。
A: Is this the King Tailor Shop? B: No, it isn't. **You have the wrong number.**	A: キング洋服店ですか。 B: いいえ，違います。番号を間違えていますよ。
099 □□□ You mean ...?	…ということですね。
A: **You mean** I have to quit**?** B: I didn't mean that.	A: 私がやめなくてはいけないということね。 B: そんなつもりで言ったんじゃないよ。
100 □□□ You'll find it on your right [left].	それは右手［左手］に見えます。
A: Could you tell me the way to the bank? B: Sure. Go straight along this street and **you'll find it on your right.**	A: 銀行へ行く道を教えていただけませんか。 B: いいですよ。この道をまっすぐ行くと，右手に見えます。

電話での頻出表現として Hold (on), please.「そのまま切らずにお待ちください」も覚えておこうね。(→熟語編 **1325**)

英作文編　32

英検準 2 級の英作文に使える表現をまとめました。

例文もあわせて確認し，これらの表現を使いこなせるようになりましょう。

001	
I think (that)	私は，…だと思います。
I think that it is important for children to play outdoors.	私は，外で遊ぶことは子供にとって大切だと思います。

002	
I (strongly) believe (that)	私は，（強く）…だと信じています。
I strongly believe that students should work part-time in order to learn about society.	私は，学生は社会について学ぶためにアルバイトをすべきだと強く信じています。

003	
In my opinion, ...	私の意見では，…。
In my opinion, people should do more volunteer work at a hospital.	私の意見では，人々はもっと病院でボランティアをすべきです。

004	
There are two reasons for that.	それには理由が2つあります。
More foreign people will visit Japan in the future. **There are two reasons for that.**	将来，より多くの外国人が日本を訪れるでしょう。それには2つの理由があります。

005	
I have two reasons (for this).	（これには）理由が2つあります。
I think studying alone is better. **I have two reasons for this.**	私は1人で勉強する方が良いと思います。これには理由が2つあります。

006	
First of all, ...	まず第一に，…。
First of all, children should learn their own language first.	まず第一に，子供は最初に自分自身の言語を学ぶべきです。

007	
To begin with, ...	はじめに，…。
To begin with, students are busy with their studies and club activities.	はじめに，生徒たちは勉強や部活動で忙しいのです。

008	
First (ly), ...	第一に，…。
First, living in houses is more expensive than living in apartments.	第一に，一戸建てに住むのはアパートに住むよりも費用がかかります。

009	
Second (ly), ...	第二に，…。
Secondly, it is important to learn how to make presentations at school.	第二に，学校で発表の仕方を学ぶことは大切です。

010	
Next, ...	次に，…。
Next, getting some exercise regularly is good for your health.	次に，定期的に運動をすることは健康にとって良いことです。

熟語編の **1109** because of ～「～の理由で」,
1171 thanks to ～「～のおかげで」も理由を述べるときに使えるよ。

011	
This is because	これは…だからです。
This is because students can study with native speakers online**.**	これは，生徒がオンラインでネイティブスピーカーと勉強することができるからです。

012	
One reason [The first reason] is that	1つの［1つ目の］理由は…です。
One reason is that high school students need some time to relax**.**	1つの理由は，高校生にはリラックスする時間が必要だということです。

013	
Another [The second] reason is that	もう1つの［2つ目の］理由は…です。
Another reason is that students can make more friends by working together**.**	もう1つの理由は，生徒は一緒に作業をすることで友達をもっと多く作ることができるということです。

014	
for example [instance]	例えば
For example, I went to Canada on a homestay last summer.	例えば，私はこの前の夏にカナダへホームステイに行きました。

015	
Take ～ for example.	～を例にしてみましょう。
Take electric cars **for example.**	電気自動車を例にしてみましょう。

016	
We should *do*.	私たちは～すべきです。
We should do something good for the environment.	私たちは自然環境に良いことを何かすべきです。

017	
It is necessary (for *A*) to *do*.	(Aにとって)～することが必要です。
It is necessary for us to protect the environment and **save** the Earth.	自然環境を守り，地球を救うことが私たちにとって必要です。

018	
Also, ...	また，…。
Also, many people say that traveling in foreign countries is fun.	また，多くの人が外国を旅行することは楽しいと言います。

019	
In addition, ...	その上[さらに]，…。
In addition, listening to music on the train may bother other people.	さらに，電車内で音楽を聞くことは他の人の迷惑になるかもしれません。

020	
Moreover, ...	その上[さらに]，…。
Moreover, children should spend more time with their family.	さらに，子供はもっと多くの時間を家族と過ごすべきです。

熟語編 **1327** in other words「言い換えれば」も，
補足説明を加えるときに使えるね。

021	
On (the) one hand, ...	一方では，…。
On the one hand, the Internet has helped to connect people from all over the world.	一方では，インターネットは世界中の人々を結びつけるのに役立ちました。

022	
On the other hand, ...	他方では，…。
On the other hand, the Internet causes a lot of social problems now.	他方で，インターネットは現在多くの社会的問題を引き起こしています。

023	
Some ~. Others	～もいれば[あれば]，…もいる[ある]。
Some people like to travel alone. **Others** like to travel in groups.	一人旅が好きな人もいれば，グループ旅行が好きな人もいます。

024	
Generally (speaking), ...	一般的に言って，…。
Generally speaking, it is difficult to do more than one thing at the same time.	一般的に言って，複数のことを同時に行うことは難しいです。

025	
In general, ...	一般に，…。
In general, students can learn English faster if they study abroad.	一般に，学生は留学した方が英語を速く学べます。

026	
as a result	その結果として
As a result, people who work at convenience stores have to work late at night.	その結果，コンビニエンスストアで働く人々は夜遅くまで働かなければならないのです。

027	
This means that	これは…ということです。
This means that children can learn basic social skills more easily.	これは，子供が基本的社会能力をより簡単に学べるということです。

028	
according to ～	～によれば
According to researchers, about one third of the citizens agree with the new policy.	研究者によると，市民の約3分の1がその新しい政策に賛成しています。

029	
I hear [heard] that	…だそうです。
I hear that the Earth's temperature is rising year by year.	地球の温度は年々上昇しているそうです。

030	
It is said that	…と言われています。
It is said that playing video games for too long is bad for children's eyes.	テレビゲームをやりすぎるのは子供の目にとって悪いと言われています。

結論を示すときには，単語編 **0298** therefore「それゆえに」も覚えておこうね。

031	
For these (two) reasons, ...	これら（2つの）理由により，…。
For these two reasons, I think that eating at home is better than eating at restaurants.	これら2つの理由により，私は家で食事をする方がレストランで食事をするよりも良いと思います。

032	
That is why	そういうわけで…。
That is why we should know the importance of recycling plastic bottles.	そういうわけで，私たちはペットボトルのリサイクルの重要性を知るべきなのです。

英作文編

これで終わりだよ。頑張ったね！

索引

※数字は見出し語番号を示す。

単語編

A

B

数字は見出し語番号だよ。ページ数ではないので気をつけてね。

数字は見出し語番号だよ。ページ数ではないので気をつけてね。

熟語編

A

B

数字は見出し語番号だよ。ページ数ではないので気をつけてね。

会話表現編

英作文編

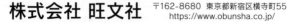

[英検準2級 でる順パス単　5訂版]　S4d203